Victor Hugo

Lucretia Borgia

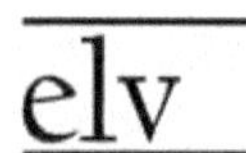

Hugo, Victor

Lucretia Borgia

Reihe: *classic pages*

ISBN: 978-3-86267-132-8

Auflage: 1
Erscheinungsjahr: 2011
Erscheinungsort: Bremen, Deutschland

Europäischer Literaturverlag GmbH, Fahrenheitstr. 1, 28359 Bremen (www.elv-verlag.de).

Lucretia Borgia

www.elv-verlag.de

Erste Handlung
Schande über Schande 9

Zweite Handlung
Das Paar 43

Dritte Handlung
Betrunken - Tot 74

Personen

Donna Lucretia Borgia
Don Alphons von Este
Gennaro
Gubetta
Maffio Orsini
Jeppo Liveretto
Don Apostolo Gazella
Ascanio Pertrucci
Oloferno Vitellozzo
Rustighello Astolfo
Die Fürstin Negroni
Ein Türsteher
Mönche, Edelleute, Pagen, Wachen

Venedig, Ferrara

Erste Handlung
Schande über Schande

Donna Lucretia Borgia - Gennaro -
Gubetta - Maffio Orsini - Jeppo Liveretto -
Don Apostolo Gazella - Ascanio Petrucci -
Oloferno Vitellozzo - Don Alphons Von Este -
Rustighello - Astolfo

Erste Abteilung

Eine Terrasse des Palastes Barbarigo zu Venedig. Ein nächtliches Fest. Masken gehen zuweilen über die Bühne. Zu beiden Seiten der Terrasse ist der Palast prächtig erleuchtet. Man hört den Ton von Fanfaren. Dunkel und Gesträuch decken die Terrasse. Man nimmt an, dass im Hintergrund unterhalb der Terrasse der Canal de la Zucca fließe; man siebt auf ihm zuweilen mit Masken und Musikern besetzte und halb erleuchtete Gondeln vorüberfahren. Jede dieser Gondeln fährt über den Hintergrund der Bühne unter einer bald gefälligen, bald traurigen Musik, die nach und nach in der Ferne verhallt. Im Hintergrunde Venedig vom Mondlicht beleuchtet.

Erste Szene

Junge Herren, glänzend gekleidet, die Masken in den Händen, plaudern auf der Terrasse. Gubetta. Gennaro, als

Hauptmann gekleidet. Don Apostolo Gazella, Maffio Orsini, Ascanio Petrucci, Oloferno Vitellozzo, Jeppo Liveretto

Oloferno: Wir leben in einer Zeit, worin so viel Schreckliches geschieht, dass man von diesem da nicht mehr spricht; aber gewiss, nie trug sich etwas Unheimlicheres und Geheimnisvolleres zu.

Ascanio: Ein schwarzes Werk von schwarzen Händen vollbracht.

Jeppo: Ich kenne die Tatsachen, meine Herren. Ich habe sie von meinem sehr ehrwürdigen Vetter dem Kardinal Carriola, der besser unterrichtet war, als sonst jemand. Ihr wisst ja, der Kardinal Carriola, der sich so heftig mit dem Kardinal Riario über den Krieg gegen Carl VIII. von Frankreich zankte?

Gennaro *gähnend*: Ah, jetzt wird uns Jeppo Geschichten erzählen. Ich für meinen Teil höre nichts. Ich bin müde genug ohne das.

Maffio: Du kümmerst dich um diese Sache nicht, Gennaro, und das ist ganz natürlich. Du bist ein tapferer Soldat, ein Abenteuerer. Du führst einen Fantasienamen. Du kennst weder Vater, noch Mutter. An der Art, wie du deinen Degen führst, sollte man nicht zweifeln, dass du ein Edelmann bist, und doch weiß man nichts von deinem Adel, als dass du dich wie ein Löwe schlägst. Bei meiner Seele, wir sind Waffenbrüder, und ich sage dir das nicht, um dich zu kränken. Du hast mir das Leben zu Rimini gerettet, ich rettete dir es auf der Brücke von Vicenzia. Wir schwuren einander, uns in Gefahren, wie in der Liebe zu helfen, uns gegenseitig zu rächen, wenn es nötig sei, mit niemandem zu streiten, als ich mit deinen und du mit meinen Feinden. Ein Astrologe hat uns geweissagt, dass wir am nämlichen Tage sterben würden, und wir haben ihm sechs Goldzechinen für die Prophezeiung gegeben. Wir sind nicht Freunde, wir sind Brüder. Doch endlich, du hast das Glück, ganz einfach Gennaro zu heißen, niemanden anzugehören, nichts von dem oft erblichen Fatalismus, der sich an den Namen der Geschlechter knüpft, mit dir zu schleppen. Du bist glücklich! Was liegt dir an dem, was geschieht und was geschah, solange es nur Männer für den Krieg und Weiber für den Genuss gibt? Was kümmert dich, Kind der Fahne, das weder Stadt noch Familie hat, was kümmert dich die Geschichte der Städte und Familien? Mit uns, Gennaro, siehst du, ist's anders. Wir sind berechtigt, an den Ereignissen unserer Zeit teilzunehmen. Unsere Väter und Mütter spielten in diesen Tragödien mit, und fast alle unsere Familien bluten noch. Erzähle uns, Jeppo, was du weißt.

Gennaro *wirft sich in einen Sessel, als wolle er sich dem Schlaf überlassen*: Ihr werdet mich aufwecken, wenn Jeppo fertig ist.

Jeppo: Seht, es war 1480 ...

Gubetta *in einem Winkel der Bühne*: 97 ...

Jeppo: Ja recht so, 1497. In einer gewissen Nacht vom Mittwoch zum Donnerstag.

Gubetta: Nein, vom Dienstag zum Mittwoch.

Jeppo: Ihr habt recht. In dieser Nacht also sah ein Tiberschiffer, der in seinem Fahrzeug am Ufer lag, um seine Waren zu bewachen, etwas Entsetzliches. Es war ein wenig unterhalb der Kirche des heiligen Hieronymus. Es mochten fünf Stunden nach Mitternacht sein, als der Schiffer im Finstern auf dem Wege links der Kirche zwei Männer sah, die ängstlich da und dort hingingen. Dann kamen noch zwei andere und endlich drei; sieben in allem. Einer davon war zu Pferde. Die Nacht war ziemlich finster. In den Häusern, die auf die Tiber gehen, war kein Licht mehr hell. Die sieben Männer näherten sich dem Ufer. Der zu Pferde wandte das Hinterteil seines Tieres nach der Tiber, und der Schiffer sah dann deutlich Beine, die auf der einen, Kopf und Arme, die auf der andern Seite herunterhingen; es war die Leiche eines Mannes. Während nun ihre Kameraden die Gassenecken bewachten, nahmen zwei von denen, die zu Fuß waren, den toten Körper, schwangen ihn mit Macht zwei- oder dreimal und schleuderten ihn dann mitten in die Tiber. Im Augenblick, wo die Leiche auf das Wasser schlug, tat der zu Pferde eine Frage, worauf die beiden andern antworteten: Ja, mein Herr! Alsdann wandte der Reiter sich wieder nach der Tiber und sah was Schwarzes, das auf dem Wasser schwamm. Er fragte, was das sei. Man antwortete: Mein Herr, das ist der Mantel des toten Herrn. Und einer von dem Haufen warf Steine nach dem Mantel, sodass er untersank. Darauf gingen sie alle zusammen hinweg und schlugen den Weg nach St. Jakob ein. Das ist das, was der Schiffer gesehen.

Maffio: Ein schauerliches Abenteuer! War es jemand von Bedeutung, den diese Männer so ins Wasser warfen? Dies Pferd macht einen seltsamen Eindruck auf mich; der Mord auf dem Sattel und der Tod auf dem Kreuz.

Gubetta: Auf dem Pferde waren die zwei Brüder.

Jeppo: Wie Ihr sagt, Herr von Belverana. Die Leiche war Johann Borgia, der Reiter war Cäsar Borgia.

Maffio: Eine Familie von Teufeln diese Borgia! Und sage mir, Jeppo, warum schlug der Bruder so den Bruder?

Jeppo: Das werde ich Euch nicht sagen. Die Ursache des Mordes ist so abscheulich, dass es eine Todsünde sein muss, nur davon zu sprechen.

Gubetta: Ich will es Euch sagen. Cäsar, Kardinal von Valencia, hat Johann, Herzog von Gandia, erschlagen, weil die bösen Brüder das nämliche Weib liebten.

Maffio: Und wer war dies Weib?

Gubetta *immer in dem Hintergrund der Bühne*: Ihre Schwester.

Jeppo: Genug, Herr von Belverana. Sprecht nicht vor uns den Namen dieses Ungeheuers aus. Es ist niemand unter uns, in dessen Hause es nicht eine tiefe Wunde hätte.

Maffio: War nicht von einem Kinde dabei die Rede?

Jeppo: Ja, von einem Kinde, wovon ich nur den Vater zu nennen wage; er hieß Johann Borgia.

Maffio: Das Kind könnte jetzt ein Mann sein.

Oloferno: Es ist verschwunden.

Jeppo: Gelang es Cäsar Borgia, es der Mutter zu entziehen? Gelang es der Mutter, es Cäsar Borgia zu entreißen? Man weiß nicht.

Don Apostolo: Wenn die Mutter ihren Sohn versteckt, so tut sie wohl daran. Seit Cäsar Borgia, Kardinal von Valencia, Herzog von Valentinois geworden ist, hat er, wie ihr wisst, ohne seinen Bruder Johann zu zählen, seine beiden Neffen, die Söhne des Guifry Borgia, Fürsten von Squillazzi, und seinen Vetter, den Kardinal Franz Borgia, getötet. Dieser Mensch hat die Wut, seine Verwandten zu morden.

Jeppo: Wahrhaftig, er will der einzige Borgia sein, um alle Schätze des Papstes zu erben.

Ascanio: Machte nicht die Schwester, welche du nicht nennen willst, Jeppo, zur nämlichen Zeit insgeheim eine Reise zum Kloster des heiligen Sixtus, um sich daselbst einzuschließen, ohne dass man wusste, warum?

Jeppo: Ich glaube, ja! Das war, um sich von Herrn Sforza, ihrem zweiten Gemahl, zu trennen.

Maffio: Und wie hieß der Schiffer, der alles gesehen hat?

Jeppo: Ich weiß nicht.

Gubetta: Er hieß Giorgio Schiavone, und sein Gewerbe war, Holz auf der Tiber nach Ripetta zu führen.

Maffio *leise zu Ascanio*: Der Spanier da weiß mehr von unsren Geschichten, als wir andern Römer.

Ascanio *leise*: Ich traue so wenig als du diesem Herrn von Belverana. Aber gehen wir nicht tiefer darauf ein; es steckt gleich etwas Gefährliches darunter.

Jeppo: Ich, meine Herren, in welchen Zeiten leben wir! Kennt ihr in diesem armen Italien, mit seinen Kriegen, seiner Pest und seinen Borgia, eine menschliche Kreatur, die sicher sei, ihr Übermorgen zu erleben?

Apostolo: Übrigens, meine Herren, ich glaube, dass wir alle an der Gesandtschaft teilnehmen sollen, welche die Republik von Venedig an den Herzog von Ferrara schickt, um ihm Glück zu wünschen, dass er den Malatesta Rimini wieder abgenommen. Wann reisen wir nach Ferrara ab?

Oloferno: Bestimmt übermorgen. Ihr wisst, dass die beiden Gesandten ernannt sind. Die Wahl ist auf die Senatoren Tiopolo und Grimani, den General der Galeeren, gefallen.

Apostolo: Wird der Hauptmann Gennaro mit uns gehen?

Maffio: Ohne Zweifel! Gennaro und ich trennen uns niemals.

Ascanio: Meine Herren, ich habe eine wichtige Bemerkung zu machen. Der spanische Wein wird ohne uns getrunken.

Maffio: Gehen wir in den Palast zurück. He, Gennaro! *Zu Jeppo*: Er ist in der Tat über deine Geschichten eingeschlafen.

Jeppo: So mag er schlafen.

Alle gehen weg, Gubetta ausgenommen.

Zweite Szene

Gubetta, Donna Lucretia, Gennaro schlafend

Gubetta *allein*: Ja, ich weiß mehr davon, als sie; sie sagten das ganz leise zueinander. Ich weiß mehr davon, als sie; aber Donna Lucretia weiß mehr, als ich; Herr von Valentinois weiß mehr, als Donna Lucretia; der Teufel weiß mehr, als Herr von Valentinois, und der Papst Alexander VI. weiß mehr, als der Teufel. *Indem er Gennaro betrachtet*: Wie das schläft, die jungen Leute!

Donna Lucretia *tritt ein, sie ist maskiert. Sie bemerkt den schlafenden Gennaro und betrachtet ihn mit einer Art von Entzücken und Ehrfurcht*: Er schläft! Das Fest hat ihn gewiss ermüdet! Wie schön er ist! *Sie kehrt sich um:* Gubetta!

Gubetta: Sprecht nicht so laut, Donna. Ich heiße hier nicht Gubetta, sondern Graf von Belverana, spanischer Edelmann; Ihr, Donna, seid die Marquise von Pontequadrato, eine neapolitanische Dame. Es darf nicht aussehen, als kennten wir uns. Hat es Eure Hoheit nicht so befohlen? Ihr seid hier nicht zu Hause, Ihr seid zu Venedig.

Lucretia: Das ist wahr, Gubetta. Aber es ist niemand auf dieser Terrasse, als der junge Mann da, und der schläft; wir können einen Augenblick plaudern.

Gubetta: Wie es Eurer Hoheit beliebt. Ich habe Euch noch einen Rat zu geben; nehmt die Maske nicht ab, man könnte Euch erkennen.

Lucretia: Und was läge daran? Wenn sie nicht wissen, wer ich bin, so habe ich nichts zu fürchten, und wenn sie es wissen, so mögen sie sich fürchten.

Gubetta: Wir sind zu Venedig, Donna. Ihr habt hier Feinde genug, und diese Feinde haben die Hände frei. Die Republik von Venedig würde freilich keinen Angriff auf die Person Eurer Hoheit dulden; aber man könnte Euch beleidigen.

Lucretia: Ah, du hast recht, mein Name macht schaudern in der Tat.

Gubetta: Es befinden sich hier nicht nur Venezianer, es sind auch Römer da, Neapolitaner, Lombarden, Italiener aus ganz Italien.

Lucretia: Und ganz Italien hasst mich! Du hast recht! Das muss gleichwohl anders werden. Ich war nicht geschaffen, Böses zu tun, ich fühle es jetzt deutlicher, als je. Das Beispiel meiner Familie hat mich fortgerissen. Gubetta!

Gubetta: Donna!

Lucretia: Überbringe der Herrschaft Spoleto sogleich die Befehle, die ich dir geben werde.

Gubetta: Gebietet, Donna. Ich habe immer vier Maultiere und vier Renner gesattelt und gezäumt.

Lucretia: Was hat man mit Galeas Accajoli gemacht?

Gubetta: Er wartet im Gefängnis, bis Eure Hoheit ihn hängen lässt.

Lucretia: Und Guifry Buondelmonte?

Gubetta: Ist im Kerker. Ihr habt noch nicht befohlen, ihn zu erdrosseln.

Lucretia: Und Manfredi von Curzola?

Gubetta: Ist ebenfalls noch nicht erdrosselt.

Lucretia: Und Spadacappa?

Gubetta: Nach Eurem Befehl soll ihm erst auf Ostern in der Hostie Gift gegeben werden. Das wird in sechs Wochen geschehen, wir sind eben im Karneval.

Lucretia: Und Peter Capro?

Gubetta: Zur Stunde ist er noch Bischof von Pesaro und Erzkanzler, aber ehe ein Monat vergeht, wird er nichts sein, als ein wenig Staub; denn unser Heiliger Vater, der Papst, hat ihn auf Eure Klagen verhaften lassen und hält ihn unter guter Aufsicht in den tiefen Kellern des Vatikans.

Lucretia: Schnell, schreibe dem Heiligen Vater, dass ich die Begnadigung des Peter Capro verlange! Gubetta, lass Accajoli in Freiheit setzen! In Freiheit den Manfredi von Curzola! In Freiheit den Buondelmonte! In Freiheit Spadacappa!

Gubetta: Wartet! Haltet! Donna! Lasst mich Atem schöpfen! Was sind das für Befehle! Oh du mein Gott! Es regnet Milde, es hagelt Gnade! Ich gehe in der Barmherzigkeit unter! Ich werde mich nie aus dieser schrecklichen Sündflut von guten Handlungen retten!

Lucretia: Gut oder schlecht, was geht es dich an, wenn ich dir sie nur bezahle.

Gubetta: Ach! Eine gute Handlung fällt einem viel schwerer, als eine schlechte. Ach, ich armer Gubetta! Jetzt, da es Euch einfällt, barmherzig zu sein, was soll da aus mir werden?

Lucretia: Höre, Gubetta, du bist mein ältester und treuster Vertrauter.

Gubetta: Es sind wahrhaftig jetzt grade fünfzehn Jahre, dass ich die Ehre habe, Euer Mitarbeiter zu sein.

Lucretia: Wohlan denn! Sprich Gubetta, mein alter Freund, mein alter Mitschuldiger, fängst du nicht an, das Bedürfnis eines neuen Lebens zu fühlen? Dürstest du nicht nach so vielem Segen für dich und mich, als wir Fluch uns geladen haben? Bist du noch nicht satt geworden am Verbrechen?

Gubetta: Ich merke, Ihr seid auf dem Wege, die tugendhafteste Hoheit unter der Sonne zu werden.

Lucretia: Liegt nicht unser Ruf, deiner und meiner, unser Ruf voll Schande, unser Ruf voll Mord und Gift, liegt er nicht schwer auf dir, Gubetta?

Gubetta: Nicht im Geringsten. - Wenn ich durch die Straßen von Spoleto gehe, höre ich als wohl das Gesindel um mich summen: Hem, das ist Gubetta, Gubetta Gift, Gubetta Dolch, Gubetta Galgen! Denn sie haben meinem Namen einen ganz glänzenden Schwanz von Beiwörtern angehängt. Man sagt das alles, und wenn es die Lippen nicht sagen, so sagen's die Augen. Aber was liegt daran? Ich bin an meinen schlechten Ruf gewöhnt, wie ein Soldat des Papstes an das Messelesen.

Lucretia: Aber fühlst du nicht, dass die Last von verhassten Namen, die man auf dich und auf mich wirft, Hass und Verachtung in einem Herzen wecken könnten, von dem du geliebt sein möchtest? Du liebst also niemand auf der Welt?

Gubetta: Ich möchte wohl wissen, wen Ihr liebt, Donna.

Lucretia: Was weißt du? Ich bin offen gegen dich; ich spreche dir jetzt weder von meinem Vater noch von meinem Bruder noch von meinem Gemahl noch von meinen Liebhabern.

Gubetta: Ich sehe aber auch weiter nichts als das, was man lieben könnte.

Lucretia: Es gibt noch sonst etwas, Gubetta!

Gubetta: Aha, ihr macht Euch Eure Tugend aus Liebe für den lieben Gott zurecht?

Lucretia: Gubetta, Gubetta! Wenn es heute in diesem Italien, in diesem unseligen, schuldbelasteten Italien ein edles und reines Herz gäbe, ein Herz voll hoher und männlicher Tugenden, das Herz eines Engels unter dem Panzer eines Soldaten; wenn mir nichts bliebe, mir armem, verhasstem, verachtetem, verabscheutem, von den Menschen verfluchtem, von dem Himmel verdammtem Weibe, mir Elenden, so allmächtig ich bin; wenn mir in dem Jammer, worin meine Seele im Todeskampfe zuckt, nichts bliebe, als ein Gedanke, eine Hoffnung, ein Rettungsstrahl, nichts, als der Wunsch, vor meinem Tode einen kleinen Platz, Gubetta, ein wenig Zärtlichkeit, ein wenig Achtung in diesem so stolzen und reinen Herzen zu verdienen und zu erhalten; wenn ich keinen andern Gedanken hätte, als den Ehrgeiz, dies Herz frei und fröhlich auf dem meinigen schlagen zu fühlen: Begriffest du dann wohl, Gubetta, warum ich mich eile, das Geschehene aufzuwiegen, meinen Ruf zu reinigen, alle Flecken, die an mir kleben, abzuwaschen und den Gedanken an Schande und Blut, den Italien mit meinem Namen verknüpft, in einen Gedanken an Ehre, Treue und Tugend zu verwandeln?

Gubetta: Mein Gott, Donna, welchem Pfaffen habt Ihr heute auf die Füße getreten?

Lucretia: Lache nicht. Es ist lange her, dass ich diese Gedanken hege, ohne sie dir zu sagen. Man kann nicht nach Belieben stehen bleiben, wenn man durch einen Strom von Verbrechen fortgerissen wird. Die beiden Dämonen streiten in mir, der gute und der böse; aber ich glaube, dass der gute endlich siegen wird.

Gubetta: Und dann »te deum laudamus, magnificat anima mea dominum!«[1]– Wisst Ihr auch, Donna, dass ich Euch nicht mehr begreife und dass Ihr seit einiger Zeit eine Hieroglyphe für mich geworden seid? Es ist jetzt ein Monat, dass Eure Hoheit mir ankündigt, sie wolle nach Spoleto reisen und Abschied von Monsignore Don Alphons von Este, ihrem Gemahl, nimmt, der, beiläufig gesagt, gutmütig genug ist, um verliebt zu sein wie eine Turteltaube und eifersüchtig wie ein Tiger. Eure Hoheit verlässt also Ferrara und geht heimlich nach Venedig, fast ohne Gefolge, unter einem falschen neapolitanischen Namen, ich unter einem falschen spanischen; Eure Hoheit kommt nach Venedig, trennt sich von mir und befiehlt mir, sie nicht mehr zu kennen, und dann fangt Ihr an, unter dem Schütze des Karnevals, maskiert, verkleidet, allen verborgen, auf den Festen, den Tänzen, den Tertullias herumzulaufen; sprecht mit mir jeden Abend kaum zwischen Tür und Angel und beschließt die ganze Maskerade mit einer Predigt, die Ihr mir haltet! Eine Predigt von Euch, Donna, ist das nicht seltsam und unerhört? Ihr habt Euren Namen gewechselt, Euer Kleid gewechselt, und jetzt wechselt Ihr Eure Seele! Bei meiner Ehre, das heiße ich den Karneval verzweifelt weit treiben, mir schwindelt. Und was ist die Ursache dieses Benehmens?

---

[1] Dich, Gott, loben wir; meine Seele preist den Herrn.

Lucretia *fasst ihn lebhaft beim Arm und führt ihn vor den schlafenden Gennaro*: Siehst du diesen Jüngling?

Gubetta: Der junge Mann ist nichts Neues für mich, ich weiß, dass Ihr ihm unter Eurer Maske nachlauft, seit Ihr zu Venedig seid.

Lucretia: Was sagst du dazu?

Gubetta: Ich sage, dass es ein junger Mensch ist, der auf einer Bank schläft und der stehend schlafen würde, wenn er nur ein Drittel von dem moralischen und erbauenden Gespräch gehört hätte, das ich eben mit Eurer Hoheit führte.

Lucretia: Findest du ihn nicht sehr schön?

Gubetta: Er würde schöner sein, wenn er die Augen nicht geschlossen hätte. Ein Gesicht ohne Augen ist ein Palast ohne Fenster.

Lucretia: Wenn du wüsstest, wie ich ihn liebe!

Gubetta: Das geht den Don Alphons, Euren königlichen Gemahl, an. Ich muss Eure Hoheit gleichwohl benachrichtigen, dass sie sich umsonst bemüht. Dieser junge Mann liebt, wie man mir sagt, ein junges hübsches Mädchen, Namens Fiametta.

Lucretia: Und das junge Mädchen liebt ihn?

Gubetta: Ja, wie man sagt.

Lucretia: Desto besser, ich wünsche so sehr, ihn glücklich zu wissen.

Gubetta: Das ist sonderbar und nicht in Eurer Art. Ich hielt Euch für eifersüchtiger.

Lucretia *indem sie Gennaro betrachtet*: Welch edle Gestalt!

Gubetta: Ich finde, dass er jemand gleicht ...

Lucretia: Nenne mir den nicht, dem du ihn ähnlich findest! - Lass mich!

Gubetta geht ab. Donna Lucretia bleibt einige Augenblicke wie entzückt vor Gennaro stehen; sie bemerkt zwei maskierte Männer nicht, welche in den Hintergrund der Bühne treten und sie beobachten.

Lucretia: Das ist er also! Endlich ist es mir vergönnt, ihn einen Augenblick ohne Gefahr zu sehen! Nein, ich hatte ihn nicht schöner geträumt. Oh Gott, spare mir die Qual, je von ihm gehasst oder verachtet zu werden, du weißt, er ist alles, was ich unter dem Himmel liebe! Ich wage die Maske nicht abzunehmen, und doch muss ich meine Tränen trocknen.

Sie nimmt die Maske ab, um sich die Augen zu trocknen. Die beiden maskierten Männer sprechen leise miteinander, während sie die Hand des schlafenden Gennaro küsst.

Erste Maske: Das ist genug, ich kann nach Ferrara zurückkehren. Ich war nur nach Venedig gekommen, um mich von ihrer Untreue zu überzeugen, ich habe genug gesehen; ich kann nicht länger von Ferrara abwesend bleiben. Dieser junge Mann ist ihr Geliebter. Wie nennt man ihn, Rustighello?

Zweite Maske: Er heißt Gennaro. Ein Hauptmann, ein tapf'rer Abenteurer, der weder Vater noch Mutter hat, ein Mensch, von dessen Herkommen man nichts weiß. Er steht im Augenblick im Dienste der Republik Venedig.

Erste Maske: Sorge, dass er nach Ferrara kommt.

Zweite Maske: Das macht sich von selbst, Monsignor. Er reist übermorgen mit einigen seiner Freunde, die zur Gesandtschaft der Senatoren Tiopolo und Grimani gehören, nach Ferrara.

Erste Maske: Gut. Die Berichte waren genau. Ich habe genug gesehen, sage ich dir, wir können wieder abreisen.

Sie gehen ab.

Lucretia *faltet die Hände und kniet vor Gennaro fast nieder*: Oh mein Gott, möge er so glücklich sein, als ich unglücklich war! Sie küsst Gennaro auf die Stirne, er erwacht und springt auf.

Gennaro: Ein Kuss! Ein Weib! - Auf Ehre, Donna, wäret Ihr Königin, und wäre ich Dichter, so wäre das wahrhaftig das Abenteuer des Herrn Alain Chartier, des französischen Poeten. Aber ich weiß nicht, wer Ihr seid, und ich bin nichts als ein Soldat.

Lucretia: Lasst mich, Signor Gennaro.

Gennaro: Nicht doch, Donna.

Lucretia: Man kommt!

Sie entflieht, Gennaro folgt ihr.

Dritte Szene

Jeppo, dann Maffio

Jeppo *tritt auf der entgegengesetzten Seite herein*: Was ist das für ein Gesicht? Sie ist es! Dies Weib zu Venedig! He, Maffio!

Maffio *tritt ein*: Was gibt's?

Jeppo: Ich will dir was Unerhörtes sagen. *Er spricht leise mit Maffio.*

Maffio: Und weißt du das sicher?

Jeppo: So sicher, als wir hier im Palast Barbarigo und nicht im Palast Labbia sind.

Maffio: Sie hatte ein verliebtes Gespräch mit Gennaro?

Jeppo: Mit Gennaro.

Maffio: Ich muss meinen Bruder aus diesem Spinnennetz ziehen.

Jeppo: Komm, wir wollen unsre Freunde davon unterrichten.

Sie gehen ab. Die Bühne bleibt während einiger Augenblicke leer. Man sieht nur von Zeit zu Zeit im Hintergrunde des Theaters Gondeln unter Musikbegleitung vorüberfahren. Gennaro kommt mit Lucretia zurück, sie ist maskiert.

Vierte Szene

Gennaro, Donna Lucretia

Lucretia: Die Terrasse ist finster und verlassen. Ich kann die Maske hier abnehmen. Ihr sollt mein Gesicht sehen, Gennaro. *Sie nimmt die Maske ab.*

Gennaro: Ihr seid sehr schön!

Lucretia: Sieh mich scharf an, Gennaro, und sage mir, ob ich dich nicht schaudern mache!

Gennaro: Ihr mich schaudern machen! Und warum? Oh, im Gegenteil, im Tiefsten meines Herzens ist etwas, das mich zu Euch zieht.

Lucretia: Und glaubst du wohl, dass du mich lieben könntest, Gennaro?

Gennaro: Warum nicht? Dennoch, Donna, ich bin aufrichtig, es wird doch immer ein Weib geben, das ich mehr liebe, als Euch.

Lucretia *lächelnd*: Ich weiß, die kleine Fiametta!

Gennaro: Nein.

Lucretia: Wer denn?

Gennaro: Meine Mutter.

Lucretia: Deine Mutter! Deine Mutter! Oh mein Gennaro! Du liebst also deine Mutter, ist es nicht so?

Gennaro: Und doch habe ich sie niemals gesehen. Kommt dies Euch nicht sehr sonderbar vor? Seht, ich weiß nicht, was mich treibt. Euch zu meiner Vertrauten zu machen. Ich will Euch ein Geheimnis sagen, das ich noch niemand sagte, nicht einmal meinem Waffenbruder, nicht einmal Maffio Orsini. Das ist seltsam, sich dem ersten Besten so zu überlassen, aber es ist mir, als hätten wir uns nicht zum ersten Male getroffen. - Ich bin Hauptmann, weiß nichts von meiner Familie und wurde in Kalabrien von einen Fischer erzogen, für dessen Sohn ich mich hielt. Am Tage, wo ich 16 Jahre alt war, sagte mir der Fischer, dass er mein Vater nicht sei. Einige Zeit darnach kam ein Herr, der mir die Rüstung eines Ritters anlegte und wegging, ohne das Visier seines Helmes aufgeschlagen zu haben. Darauf brachte mir ein schwarz gekleideter Mann einen Brief; ich öffnete ihn. Meine Mutter war es, die mir schrieb, meine Mutter, die ich nicht kannte, meine Mutter, von der ich träumte, wie sie gut sei, sanft, zärtlich, schön wie Ihr, meine Mutter, die ich mit ganzer Seele anbetete! Aus diesem Brief erfuhr ich jedoch, ohne dass man mir einen Namen angab, dass ich adelig und aus einem großen Geschlechte sei und dass meine Mutter sehr unglücklich wäre. Arme Mutter!

Lucretia: Guter Gennaro!

Gennaro: Seit dem Tage lief ich nach Abenteuern, weil ich durch meinen Degen so gut etwas werden wollte, als durch meine Geburt. Ich durchstrich ganz Italien. Aber den ersten Tag jedes Monates, wo ich auch sei, sehe ich immer den nämlichen Boten kommen. Er bringt mir einen Brief von meiner Mutter, nimmt meine Antwort und geht. Er sagt mir nichts und ich sage ihm nichts, denn er ist taub und stumm.

Lucretia: So weißt du also nichts von deiner Familie?

Gennaro: Ich weiß, dass ich eine Mutter habe, und dass sie unglücklich ist, und dass ich mein Leben in dieser Welt darum geben würde, sie einmal weinen, und mein Leben in der anderen, sie einmal lächeln zu sehen. Das ist alles.

Lucretia: Was machst du mit ihren Briefen?

Gennaro: Ich habe sie alle da auf meinem Herzen. Wir Kriegsleute wagen unsre Brust oft gegen eine Degenspitze. Die Briefe einer Mutter sind ein guter Harnisch.

Lucretia: Edle Natur!

Gennaro: Seht, wollt Ihr auch ihre Schriftzüge sehen? Da ist einer von ihren Briefen. *Er zieht ein Papier aus dem Busen, küsst es und gibt es der Donna Lucretia.*

Lucretia *liest*: »Mein Gennaro, suche nicht mich kennenzulernen vor dem Tage, den ich dir bestimmen werde. Ich bin sehr zu beklagen. Ich bin von erbarmungslosen Verwandten umgeben, die dich töten würden, wie sie deinen Vater getötet haben. Ich, mein Kind, will allein um das Geheimnis deiner Geburt wissen. Wenn du es wüsstest! Doch das ist zugleich so traurig und so glänzend, dass du nicht schweigen könntest. Die Jugend ist zutraulich, die Gefahren, die dich umgeben, kennst du nicht, sowie ich sie kenne. Wer weiß? Du würdest ihnen aus jugendlichem Übermute trotzen wollen. Du würdest sprechen oder dich erraten lassen, und dann keine zwei Tage mehr leben. Oh nein! Begnüge dich mit der Gewissheit, dass du eine Mutter hast, die dich anbetet und Tag und Nacht über dein Leben wacht. Mein Gennaro, mein Sohn, du bist alles, was ich auf Erden liebe, mein Herz schmilzt, wenn ich an dich denke.« *Sie hält ein, um eine Träne zu verschlucken.*

Gennaro: Wie gefühlvoll Ihr das lest! Man sollte meinen, Ihr läset nicht, sondern Ihr sprächet. - Ach! Ihr weint! Ihr seid gut, Donna, und ich liebe Euch, weil Ihr um das weint, was meine Mutter geschrieben. Er nimmt den Brief, küsst ihn und steckt ihn wieder in den Busen. Ja, Ihr seht, es gab Verbrechen genug um meine Wiege. Meine arme Mutter! Nicht wahr, jetzt begreift Ihr, warum ich mich wenig um Galanterien und Liebeshändel kümmere? Wie ich nur einen Gedanken im Herzen habe, meine Mutter! Ach, meine Mutter befreien, ihr dienen, sie rächen, sie trösten! Welch Glück! Dann will ich an Liebe denken! Alles, was ich tue, tue ich, um meiner Mutter würdig zu werden. Es gibt Abenteurer genug, die nicht gewissenhaft sind und die sich für den Teufel schlagen würden, nachdem sie für den heiligen Michael gefochten. Ich unterstütze nur die gerechte Sache, ich will eines Tages einen Degen so rein, wie den eines Königs, zu den Füßen meiner Mutter legen können. Seht, Donna, man hat mir einen vorteilhaften Platz im Dienste dieser ehrlosen Donna Lucretia angeboten, ich habe ihn ausgeschlagen.

Lucretia: Gennaro! Gennaro! Erbarmt Euch der Bösen! Ihr wisst nicht, was in ihrem Herzen vorgeht.

Gennaro: Ich habe kein Erbarmen für das, was ohne Erbarmen ist. Aber lassen wir das, Donna, und jetzt, da ich Euch gesagt habe, wer ich bin, tut mir das Nämliche und sagt mir, wer Ihr seid?

Lucretia: Ein Weib, das dich liebt, Gennaro.

Gennaro: Aber Euer Name?

Lucretia: Fraget mich nicht weiter.

Fackeln. Jeppo und Maffio treten mit Geräusch herein. Donna Lucretia nimmt eilig die Maske vor.

Fünfte Szene

Die Nämlichen, Maffio Orsini, Jeppo Liveretto, Ascanio Petrucci, Oloferno Vitellozzo, Don Apostolo Gazella, Herren, Damen, Pagen mit Fackeln

Maffio *eine Fackel in der Hand*: Gennaro, willst du wissen, wer das Weib ist, dem du von Liebe sprichst?

Lucretia *beiseite*: Gerechter Himmel!

Gennaro: Ihr alle seid meine Freunde, aber der ist ein toller Bursche, der die Maske dieser Dame berührt. Die Maske eines Weibes ist so heilig, wie das Gesicht eines Mannes.

Maffio: Das Weib muss vorerst ein Weib sein, Gennaro! Wir wollen dieses da übrigens nicht beleidigen, wir wollen ihm nur unsere Namen sagen. *Er nähert sich der Donna Lucretia.* Donna, ich bin Maffio Orsini, Bruder des Herzogs von Gravina, welchen Eure Sbirren des Nachts, als er schlief, erdrosselt haben.

Jeppo: Donna, ich bin Jeppo Liveretto, Neffe des Liveretto Vittelli, den Ihr in den Kellern des Vatikan erdolchen ließt.

Ascanio: Donna, ich bin Ascanio Petrucci, Vetter des Pandolfo Petrucci, Herrn von Siena, den Ihr ermordet habt, um ihm desto leichter seine Stadt zu stehlen.

Oloferno: Donna, ich heiße Oloferno Vitellozzo und bin ein Neffe des Jago Appiani, den Ihr bei einem Gastmahl vergiftet habt, nachdem Ihr ihm durch Verrat seine gute Feste Piombino weggenommen.

Apostolo: Donna, Ihr habt auf dem Schafotte den Don Francisco Gazella töten lassen, den Onkel Eures dritten Gemahls, des Don Alphons von Aragonien, den Ihr auf der Treppe der Peterskirche mit Spießen erstechen ließt. Ich bin Don Apostolo Gazella, Vetter des einen und Sohn des andern.

Lucretia: Oh Gott!

Gennaro: Wer ist dies Weib?

Maffio: Und wollt Ihr jetzt, Donna, nachdem wir Euch unsre Namen genannt, dass wir Euch auch den Eurigen nennen?

Lucretia: Nein, nein. Habt Mitleid, meine Herrn! Nicht vor ihm!

Maffio *nimmt ihr die Maske ab*: Nehmt Eure Maske ab, Donna, damit wir sehen, ob Ihr noch erröten könnt.

Apostolo: Gennaro, dies Weib, dem du von Liebe sprachst, mischt Gift und treibt Ehebruch.

Jeppo: Treibt Blutschande in allen Graden. Blutschande mit ihren beiden Brüdern, von denen der eine den andern aus Liebe für sie erschlagen hat.

Lucretia: Gnade!

Apostolo: Blutschande mit ihrem Vater, der Papst ist.

Lucretia: Erbarmen!

Oloferno: Blutschande mit ihren Kindern, wenn sie deren hätte, aber der Himmel versagt sie dem Ungeheuer.

Lucretia: Genug, genug!

Maffio: Willst du ihren Namen wissen, Gennaro?

Lucretia *schleppt sich zu den Knien Gennaros*: Höre nicht, mein Gennaro!

Maffio *streckt die Arme aus*: Das ist Lucretia Borgia.

Gennaro *stößt sie zurück*: Oh!

Sie sinkt ohnmächtig zu seinen Fußen nieder.

Zweite Abteilung

Ein Platz zu Ferrara; zur Rechten ein Palast mit einer niedrigen Türe und mit einem Balkon, der mit Jalousien versehen ist. Unter dem Balkon ist ein großes Steinschild mit einem Wappen; der Name Borgia steht in großen erhabenen Lettern von goldenem Kupfer darunter. Zur Linken ein kleines Haus, dessen Türe auf den Platz geht. Im Hintergrund Häuser, Türme.

Erste Szene

Donna Lucretia, Gubetta

Lucretia: Ist alles für diesen Abend bereit, Gubetta?

Gubetta: Ja, Donna.

Lucretia: Werden sie alle fünf dort sein?

Gubetta: Alle fünf.

Lucretia: Sie haben mich aufs Grausamste beleidigt, Gubetta.

Gubetta: Ich war nicht da, ich.

Lucretia: Sie waren ohne Erbarmen.

Gubetta: Sie haben Euch so ganz laut Euern Namen gesagt?

Lucretia: Sie haben mir ihn nicht gesagt, Gubetta, sie haben mir ihn ins Gesicht gespien.

Gubetta: Mitten auf dem Ball!

Lucretia: Vor Gennaro!

Gubetta: Das sind zuversichtliche Toren, Venedig zu verlassen und nach Ferrara zu kommen! Es ist wahr, sie konnten nicht anders, sie waren vom Senate beauftragt, Teil an der Gesandtschaft zu nehmen, welche die vorige Woche angekommen ist.

Lucretia: Oh, er hasst und verachtet mich jetzt, und das ist ihre Schuld. – Ha, Gubetta, ich werde mich rächen.

Gubetta: Zur guten Stunde! Das ist ein Wort! Gott sei gelobt, Eure Barmherzigkeitslaunen haben Euch also verlassen! Es ist mir viel behaglicher bei Eurer Hoheit, wenn sie so natürlich ist, wie eben. Ich finde mich wenigstens wieder darin. Seht Donna, ein See ist das Gegenteil von einer Insel, ein Turm ist das Gegenteil von einer Brücke, und ich, ich habe die Ehre, das Gegenteil von einer tugendhaften Person zu sein.

Lucretia: Gennaro ist bei ihnen. Gib Acht, dass ihm nichts zustößt.

Gubetta: Wenn Ihr ein gutes Weib würdet, und ich würde ein guter Mann, das wäre was Ungeheueres.

Lucretia: Gib Acht, dass Gennaro nichts zustößt, sage ich dir.

Gubetta: Seid ruhig.

Lucretia: Ich möchte ihn gleichwohl noch ein Mal sehen.

Gubetta: Bei Gott, Donna, Eure Hoheit sieht ihn alle Tage. Ihr habt seinen Knecht bestochen, damit er seinen Herrn bestimme, seine Wohnung da zu nehmen, in diesem Nest, Eurem Balkon gegenüber, und von Eurem Gitterfenster aus habt Ihr nun alle Tage das unaussprechliche Glück, den genannten Edelmann ein- und ausgehen zu sehen.

Lucretia: Ich sage dir, dass ich ihn sprechen will, Gubetta.

Gubetta: Nichts einfacher. Lasst ihm durch Astolfo sagen, dass Eure Hoheit ihn heute zu der und der Stunde im Palast erwartet.

Lucretia: Das will ich tun, Gubetta. Aber wird er kommen?

Gubetta: Tretet zurück, Donna, ich glaube, dass er sogleich mit den bewussten Vögeln hier vorbeikommen wird.

Lucretia: Halten sie dich immer für den Grafen Belverana?

Gubetta: Sie halten mich für einen Spanier vom Wirbel bis zur Sohle. Ich bin einer ihrer besten Freunde. Ich borge Geld bei ihnen.

Lucretia: Geld! Zu was?

Gubetta: Wahrhaftig, um es zu haben. Übrigens ist nichts spanischer, als wie ein Bettler auszusehen, und den Teufel beim Schwanz zu ziehen.

Lucretia *beiseite*: Oh mein Gott, schütze Gennaro!

Gubetta: Und darüber, Donna, kommt mir was ein.

Lucretia: Nun?

Gubetta: Dass dem Teufel der Schwanz sehr solid an das Kreuz geleimt, genagelt und geschraubt sein muss, weil er die unendliche Zahl von Leuten trägt, die beständig daran ziehen.

Lucretia: Du lachst über alles, Gubetta.

Gubetta: Eine Art, so gut wie eine andre.

Lucretia: Ich glaube, da sind sie. Denke an alles. *Sie geht durch die kleine Tür unter dem Balkon in den Palast zurück.*

Gubetta *allein*: Was ist das mit dem Gennaro? Und was zum Teufel hat sie mit ihm vor? Ich kenne nicht alle Geheimnisse der Donna, oh noch lange nicht, aber dies da stachelt meine Neugierde. Meiner Treu, sie hat mir dies Mal nicht getraut, sie braucht sich nicht einzubilden, dass ich ihr bei der Sache behilflich sein werde, sie mag sich aus der Geschichte mit dem Gennaro ziehen, so gut sie kann. Aber was ein sonderbarer Einfall, einen Menschen zu lieben, wenn man die Tochter des Borgia und der Vanozza, wenn man ein Weib ist, in dessen Adern das Blut einer Hure und das Blut eines Papstes fließt. Donna Lucretia wird platonisch. Ich wundre mich jetzt über nichts mehr, selbst wenn man mir sagte, dass der Papst Alexander an Gott glaube! Fort! Da kommen die jungen Toren vom Karneval von Venedig. Ein schöner Einfall ein sicheres Land zu verlassen und nach Ferrara zu kommen, nachdem man die Herzogin von Ferrara tödlich beleidigt! An ihrer Stelle hätte ich mich gehütet, an der Reise der venezianischen Gesandten teilzunehmen. Aber so sind einmal die jungen Leute. Der Rachen des Wolfes ist allen Dingen unter dem Monde das, worein sie sich am liebsten stürzen.

Zweite Szene

Die jungen Herren treten auf, ohne anfangs Gubetta zu bemerken, der sich, um sie zu beobachten, hinter einen der Pfeiler, die den Balkon tragen, zurückgezogen hat. Sie sehen unruhig aus und sprechen leise miteinander.

Maffio *leise*: Ihr mögt sagen, was Ihr wollt, meine Herren man kann sich die Mühe sparen nach Ferrara zu gehen, wenn man Donna Lucretia aufs Tiefste verwundet hat.

Apostolo: Was können wir tun? Der Senat schickt uns hierher. Ist es möglich, sich über die Befehle des hohen Senates von Venedig wegzusetzen? Einmal bezeichnet, mussten wir fort. Gleichwohl, Maffio, verhehle ich mir nicht, dass Lucretia Borgia eine furchtbare Feindin ist. Sie ist hier Herrin.

Jeppo: Was könnte sie uns antun, Apostolo? Sind wir nicht im Dienste der Republik Venedig? Gehören wir nicht zu ihrer Gesandtschaft? Uns ein Haar auf dem Haupte krümmen, hieße dem Dogen den Krieg erklären, und Ferrara reibt sich nicht gern an Venedig.

Gennaro *träumt in einer Ecke der Bühne, ohne sich in das Gespräch zu mischen*: Oh meine Mutter, meine Mutter! Wer wird mir sagen, was ich für meine arme Mutter tun kann!

Maffio: Man kann dich, solang du bist, Jeppo, in den Sarg legen, ohne ein Haar auf deinem Haupt zu krümmen. Es gibt Gifte, welche ohne Aufsehen und Lärm die Geschäfte der Borgia abtun und das viel sicherer, als Beil und Dolch. Denke, auf welche Weise Alexander VI. den Sultan Zizimi, Bajazets Bruder, aus der Welt gehen machte.

Oloferno: Und so viele andere.

Apostolo: Das ist eine sonderbare und unheimliche Geschichte mit dem Bruder des Bajazet. Der Papst machte ihn glauben, Carl von Frankreich habe ihm an dem Tage, wo sie zusammen speisten, vergiftet; Zizimi glaubte alles und erhielt aus den schönen Händen der Lucretia Borgia ein sogenanntes Gegengift, was innerhalb zwei Stunden seinen Bruder Bajazet von ihm befreite.

Jeppo: Der ehrliche Türke scheint sich wenig auf Politik verstanden zu haben.

Maffio: Ja, die Borgia haben Gifte, die nach einem Tage töten, nach einem Monate, nach einem Jahre, wie sie wollen. Das sind schändliche Gifte, die den Wein süßer machen und einem die Flasche mit mehr Vergnügen leeren lassen. Man hält sich für berauscht, man ist tot. Oder man fängt plötzlich an siech zu werden, die Haut bekommt Runzeln, die Augen werden hohl, die Haare grau, die Zähne brechen wie Glas; man geht nicht mehr, man schleppt sich; man atmet nicht, man röchelt; man lacht nicht, man schläft nicht, man fröstelt in der Sonne am hellen Mittag; ein Jüngling bekommt das Aussehen eines Greises; so kämpft er eine Zeit lang mit dem Tode; er stirbt und dann erinnert man sich, dass er ein halbes Jahr oder ein Jahr zuvor ein Glas Cyperwein bei einem Borgia getrunken. Er kehrt sich um. Seht, meine Herrn, da kommt grade Montefeltro, Ihr kennt ihn vielleicht, er ist aus dieser Stadt, und dem geht es grade so. Er geht da im Hintergrunde des Platzes vorbei. Betrachtet ihn.

Man sieht im Hintergrunde der Bühne einen magern, wankenden und hinkenden Mann mit grauen Haaren vorübergehen, er stützt sich auf einen Stock und ist in einen Mantel gehüllt.

Ascanio: Armer Montefeltro!

Apostolo: Wie alt ist er?

Maffio: So alt wie ich, 29 Jahre.

Oloferno: Ich sah ihn voriges Jahr so frisch und gesund, wie einer von Euch.

Maffio: Es sind jetzt drei Monate, dass er bei unserm Heiligen Vater, dem Papst, in der Vigne des Belvedere zu Nacht gespeist hat. Oh, man erzählt sich seltsame Dinge von den Gastmählern der Borgia.

Ascanio: Das sind zügellose mit Gift gewürzte Orgien.

Maffio: Seht, meine Herrn, wie der Platz da verlassen ist. Das Volk wagt sich dem fürstlichen Palast nicht so nahe, es scheut das Gift, welches Tag und Nacht darin bereitet wird und von den Mauern ausdünstet.

Ascanio: Meine Herrn, mit einem Wort, die Gesandten hatten gestern ihre Audienz beim Herzog, unser Dienst ist zu Ende. Das Gefolge der Gesandtschaft besteht aus 50 Reitern. Man würde unsere Entfernung nicht bemerken. Ich glaube, dass wir wohl daran täten, wenn wir Ferrara verließen.

Maffio: Heute noch.

Jeppo: Meine Herren, dazu ist auch morgen Zeit. Ich bin zum Abendessen bei der Fürstin Negroni eingeladen, ich bin zum Tollwerden in sie verliebt und möchte nicht aussehen, als liefe ich vor den schönsten Damen von Ferrara fort.

Oloferno: Du bist zum Abendessen bei der Fürstin Negroni eingeladen?

Jeppo: Ja.

Oloferno: Und ich auch.

Ascanio: Und ich.

Apostolo: Und ich.

Maffio: Und ich.

Gubetta: Und ich, meine Herren!

Jeppo: Ach! Herr von Belverana. Nun, wir gehen alle hin, das gibt einen fröhlichen Abend. Guten Tag, Herr von Belverana.

Gubetta: Möge Gott Euch viele Jahre schenken, Herr Jeppo.

Maffio *leise zu Jeppo*: Du wirst mich abermals sehr ängstlich finden. Wir gingen nicht zu diesem Essen, wenn du mir glaubtest. Der Palast Negroni stößt an den Palast Borgia, und ich setze kein großes Zutrauen in die freundschaftlichen Gesichter des Herrn Belverana.

Jeppo *leise*: Du bist närrisch, Maffio. Die Negroni ist eine liebenswürdige Dame, ich sage dir, ich bin in sie verliebt, und Belverana ist ein braver Mann. Ich habe über ihn und seine Familie Erkundigungen eingezogen. Mein Vater war 1480 und soundsoviel mit dem Seinigen bei der Belagerung von Granada.

Maffio: Das beweist nicht, dass der Mann der Sohn des Vaters ist, welcher bei deinem Vater war.

Jeppo: Es zwingt dich niemand, zu dem Gastmahl zu kommen, Maffio.

Maffio: Ich gehe, wie du hingehst, Jeppo.

Jeppo: Dann »Te Deum laudamus«. Und du, Gennaro, wirst du heute Abend nicht unter uns sein?

Ascanio: Hat dich die Negroni nicht eingeladen?

Gennaro: Nein. Der Fürstin bin ich wohl nicht adelig genug.

Maffio *lächelnd*: Dann, mein Bruder, wirst du irgendein verliebtes Stelldichein haben, nicht wahr?

Jeppo: Aha, erzähle uns doch ein wenig, was die Donna Lucretia jenen Abend sagte. Sie scheint ganz toll in dich vernarrt zu sein. Sie wird dir viel davon vorgeschwatzt haben. Die Ballfreiheit kam ihr sehr dabei zustatten. Die Weiber verkleiden nur ihren Leib, um ihre Seele bequemer zu entkleiden. Maskierte Gesichter und nackte Herzen!

Lucretia befindet sich seit einigen Augenblicken auf dem Balkon, wo sie die Jalousie halb öffnet, sie horcht.

Maffio: Du mietest dich grade ihrem Balkon gegenüber ein, Gennaro! Gennaro!

Apostolo: Das ist nicht so ohne Gefahr, mein Junge, man sagt, dieser würdige Herzog von Ferrara sei sehr eifersüchtig auf seine Frau Donna.

Oloferno: Rasch, Gennaro, sage uns, wie weit du mit deiner Liebschaft mit der Lucretia bist.

Gennaro: Meine Herren! Einige Degen werden in der Sonne blitzen, wenn Ihr fortfahrt, mir von diesem abscheulichen Weibe zu sprechen.

Lucretia *auf dem Balkon, beiseite*: Ach!

Maffio: Nichts als Scherz, Gennaro. Aber ich dächte, man dürfte mit dir von dieser Dame wohl sprechen; du trägst ihre Farbe.

Gennaro: Was soll das heißen?

Maffio *deutet auf seine Schärpe*: Diese Schärpe?

Jeppo: Das sind in der Tat die Farben der Lucretia Borgia.

Gennaro: Fiametta hat mir sie geschickt.

Maffio: Das meinst du. Lucretia ließ dir das sagen. Aber Lucretia ist es, welche die Schärpe dir mit eignen Händen gestickt hat.

Gennaro: Bist du dessen gewiss, Maffio? Woher weißt du es?

Maffio: Von deinem Knecht, welcher dir die Schärpe gebracht und den sie bestochen hat.

Gennaro: Verdammt! Er reißt die Schärpe ab, zerreißt sie und tritt sie mit Füßen.

Lucretia *beiseite*: Ach! *Sie schließt die Jalousie und entfernt sich.*

Maffio: Und doch ist dies Weib schön.

Jeppo: Ja, aber es ist etwas Unheimliches in ihrer Schönheit.

Maffio: Sie ist ein Golddukaten mit dem Gepräge des Satans.

Gennaro: Oh, verflucht sei diese Lucretia Borgia! Dies Weib liebt mich, wie Ihr sagt! Nun, desto besser! Das soll ihre Strafe sein. Sie macht mich schaudern! Ja, sie macht mich schaudern. Du weißt, Maffio, das ist immer so; es ist unmöglich, gleichgültig gegen ein Weib zu sein, von dem man geliebt wird. Man muss es lieben oder hassen. Wie sollte man diese da lieben? Es geschieht auch, dass man diese Art von Weibern um so mehr hasst, je mehr man von ihnen verfolgt wird. Dies Weib verfolgt mich, quält mich, belagert mich. Wodurch konnte ich die Liebe einer Lucretia Borgia verdienen? Ist das nicht Schande und Schmach? Ihr könnt kaum glauben, wie mir der Gedanke an dies verbrecherische Weib verhasst ist seit der Nacht, wo Ihr mir so laut ihren Namen gesagt habt. Sonst sah ich Lucretia Borgia nur von fern, zwischen tausend Gegenständen durch, wie ein schreckliches Gespenst aufrecht über Italien, wie das Gespenst einer ganzen Welt. Jetzt ist dies Gespenst mein Gespenst; es setzt sich an mein Lager, es liebt mich, es will sich in mein Bett legen! Bei meiner Mutter, das ist entsetzlich! Ach, Maffio! Sie hat den Herrn von Gravina getötet, sie hat deinen Bruder getötet! Ha, deinen Bruder! Dir will ich ihn ersetzen, an ihr will ich ihn rächen! – Hier ist also ihr abscheulicher Palast! Palast der Wollust, Palast des Verrats, Palast des Mordes, Palast des Ehebruchs, Palast der Blutschande, Palast jeglicher Sünde, Palast der Lucretia Borgia! Dass ich diesem Weibe das Henkerszeichen nicht auf die Stirn drücken kann! So will ich wenigstens die Stirne ihres Palastes brandmarken. Er steigt auf eine unter dem Balkon befindliche Steinbank und macht mit seinem Dolche den ersten Buchstaben des auf die Mauer gehefteten Namens Borgia los, sodass nur das Wort »orgia« bleibt.

Maffio: Was Teufel macht er?

Jeppo: Der Name der Donna Lucretia ohne diesen Buchstaben macht dich zu einem Manne ohne Kopf.

Gubetta: Herr Gennaro, das ist ein Wortspiel, was morgen die halbe Stadt auf die Folter bringt.

Gennaro: Ich werde mich stellen, wenn man den Schuldigen sucht.

Gubetta *beiseite*: Das wäre mir recht, das würde Donna Lucretia in Verlegenheit bringen.

Seit einigen Augenblicken gehen zwei schwarz gekleidete Männer beobachtend auf dem Platze auf und ab.

Maffio: Meine Herren, das sind Leute mit verdächtigen Gesichtern, sie betrachten uns etwas neugierig. Es wäre klug, wenn wir uns trennten. Mache keine neuen Tollheiten, mein Bruder Gennaro.

Gennaro: Sei ruhig, Maffio. Deine Hand! Meine Herren, viel Vergnügen diese Nacht! *Er geht in sein Haus, die anderen zerstreuen sich.*

Dritte Szene

Die beiden schwarz gekleideten Männer

Erster Mann: Was Teufel machst du da, Rustighello?

Zweiter Mann: Ich warte, bis du weggehst, Astolfo.

Erster Mann: In der Tat?

Zweiter Mann: Und du, was machst du da, Astolfo?

Erster Mann: Ich warte, bis du weggehst, Rustighello.

Zweiter Mann: Mit wem hast du es zu tun, Astolfo?

Erster Mann: Mit dem Manne, der eben da hineinging. Und du, an wen willst du?

Zweiter Mann: An den Nämlichen.

Erster Mann: Teufel!

Zweiter Mann: Was willst du mit ihm machen?

Erster Mann: Ihn zur Herzogin führen. Und du?

Zweiter Mann: Ihn zum Herzog führen.

Erster Mann: Teufel!

Zweiter Mann: Was erwartet ihn bei der Herzogin?

Erster Mann: Die Liebe, ohne Zweifel. Und bei dem Herzog?

Zweiter Mann: Der Galgen, wahrscheinlich.

Erster Mann: Was tun? Er kann nicht zugleich bei dem Herzog und bei der Herzogin sein, zugleich Wieberarme und den Strick am Hals haben.

Zweiter Mann: Da ist ein Dukaten, spielen wir Münz oder Kopf, wer von uns den Mann haben soll.

Erster Mann: Das ist ein Wort.

Zweiter Mann: Meiner Treu! Wenn ich verliere, so sage ich dem Herzog, der Vogel wäre ausgeflogen gewesen. Die Geschäfte des Herzogs kümmern mich wenig. Er wirft dm Dukaten in die Luft.

Erster Mann: Münze!

Zweiter Mann: 's ist Kopf!

Erster Mann: Der Mann wird gehenkt werden. Nimm ihn. Adieu!

Zweiter Mann: Guten Abend.

Nachdem der andere weggegangen ist, öffnet er die niedrige Türe unter dem Balkon, geht hinein und kommt einen Augenblick darauf in der Begleitung von vier Sbirren zurück, mit denen er an der Türe des Hauses pocht, in welches Gennaro gegangen.

Der Vorhang fällt.

Zweite Handlung
Das Paar

Donna Lucretia - Don Alphons von Este - Gennaro - Maffio - Rustighello - ein Türsteher

Erste Abteilung

Ein Saal des herzoglichen Palastes zu Ferrara. Tapeten von ungarischem Leder mit goldnen Arabesken. Prächtige Möbel in dem zu Ende des 15. Jahrhunderts in Italien herrschenden Geschmack. Der Stuhl des Herzogs mit rotem Samt überzogen, in welchen das Wappen des Hauses Este gestickt ist. Zur Seite ein mit dergleichen Samt bedeckter Tisch. Im Hintergrund eine große Türe. Zur Rechten eine kleine, zur Linken eine andere kleine verborgene Türe. Hinter der kleinen versteckten Türe sieht man in einem auf der Bühne angebrachten Cabinet den Anfang einer Wendeltreppe, die sich unter den Fußboden senkt und durch ein langes und schmales Gitterfenster erleuchtet wird.

Erste Szene

Don Alphons von Este, Rustighello

Rustighello: Herr Herzog, Eure Befehle sind vollzogen und ich erwarte die übrigen.

Alphons: Nimm diesen Schlüssel. Geh in die Galerie des Numa. Zähle alle Fächer des Getäfels von der großen Figur bei der Türe an; sie stellt den Herkules, Sohn des Jupiters, einen meiner Vorfahren, vor. Im dreiundzwanzigsten Feld wirst du eine kleine, im Rachen einer goldenen Natter versteckte, Öffnung finden. Ludwig der Maure hat dieses Feld machen lassen. Stecke den Schlüssel in diese Öffnung. Das Feld wird sich wie eine Türe auf seinen Angeln bewegen. In dem verborgenen Schrank, den es versteckt, findest du auf einer Kristallplatte zwei Flaschen, eine von Gold und eine von Silber, mit zwei Bechern. In der silbernen Flasche ist reines Wasser. In der goldenen ist zubereiteter Wein. Du trägst die Platte, ohne etwas zu verrücken, in das anstoßende Zimmer, Rustighello, und wirst dich hüten, die goldene Flasche anzurühren, wenn du je die Leute mit Zähneklappern von dem Gifte der Borgia hast reden hören, einem Gifte, das als Pulver weiß und funkelnd ist, wie der Staub von cararischem Marmor, und das, in den Wein gemengt, Romorantiner in Syrakusaner verwandelt

Rustighello: Ist das alles, mein Herr?

Alphons: Nein. Du nimmst deinen besten Degen und bleibst aufrecht in dem Cabinet hinter der Türe stehen, sodass du alles, was hier vorgeht, hören und auf das erste Zeichen, das ich dir mit dieser silbernen Schelle gebe, hereintreten kannst. Wenn ich einfach: Rustighello rufe, so kommst du mit der Platte herein. Wenn ich mit der Schelle klingle, so kommst du mit dem Degen.

Rustighello: Gut, mein Herr.

Alphons: Du hältst den bloßen Degen in der Hand, um dir die Mühe des Ziehens zu sparen.

Rustighello: Jawohl.

Alphons: Rustighello, nimm zwei Degen, es könnte einer brechen. Fort!

Rustighello geht durch die kleine Türe ab.

Türsteher *tritt durch die Jure im Hintergrund ein*: Unsere Donna, die Herzogin, wünscht den Herrn Herzog zu sprechen.

Alphons: Lasst unsre Dame herein.

Zweite Szene

Don Alphons, Donna Lucretia

Lucretia *tritt ungestüm herein*: Herr! Herr! Das ist unverschämt, das ist schmachvoll, das ist abscheulich! Einer aus Eurem Volke, wisst Ihr das, Don Alphons? Einer aus Eurem Volke hat den Namen Eures Weibes unter dem Wappen ihrer Familie auf der Fronte Eures Palastes verstümmelt. Es geschah am hellen Tage, öffentlich, durch wen? - Ich weiß es nicht; aber es ist sehr schmählich und sehr frech. Man hat aus meinem Namen ein Aushängeschild für die Schande gemacht, und Euer Pöbel aus Ferrara, der niederträchtigste in ganz Italien, Herr, steht da und grinst vor meinem Wappen, wie vor einem Pranger. Bildet Ihr Euch etwa ein, Don Alphons, dass ich das so hinnehmen würde, und dass ich nicht lieber auf einmal durch einen Dolchstoß sterben möchte, als tausendmal durch den giftigen Biss des Spottes und des Pasquills? Bei Gott, Herr! Man behandelt mich seltsam in Eurer Herrschaft Ferrara! Ich fange an, das müde zu werden; ich finde Euer Aussehen zu gefällig und ruhig, während man in den Rissen Eurer Stadt den Ruf Eures von Schande und Verleumdung mit den Zähnen zerrissenen Weibes herumzerrt. Ich muss dafür eine glänzende Genugtuung haben, Herr Herzog! Ich sage es Euch voraus. Bereitet Euch, mir Recht zu verschaffen. Das ist ein ernsthaftes Ereignis, seht Ihr? Glaubt Ihr vielleicht, dass mir die Achtung eines jeden unter der

Sonne gleichgültig ist und dass mein Gemahl aufhören kann, mein Ritter zu sein? Nein, nein, mein Herr! Wer sich vermählt, der schirmt, wer die Hand gibt, der gibt den Arm. Ich zähle darauf. Alle Tage neue Beleidigungen, und immer sehe ich Euch gefühllos dafür. Spritzt der Kot, womit man mich bewirft, nicht auch auf Euch, Don Alphons? Ha, bei meiner Seele, werdet doch ein wenig zornig, Herr, damit ich Euch doch einmal in meinem Leben im Zorn um mich sehe. Ihr liebt mich, wie Ihr manchmal sagt? So liebt doch meine Ehre! Ihr seid eifersüchtig? So seid es doch auf meinen Ruf! Wenn ich durch meine Mitgift Eure Erbgüter verdoppelt; wenn ich Euch zum Hochzeitgeschenk nicht nur die goldene Rose und den Segen des Heiligen Vaters, sondern auch noch etwas mitgebracht habe, das mehr Platz einnimmt auf dieser Erde: Siena, Rimini, Cesena, Spoleto und Piombino und mehr Städte, als ihr Schlösser, und mehr Herzogtümer, als Ihr Baronien hattet; wenn ich Euch zum mächtigsten Edelmann Italiens gemacht habe, so ist das wohl ein Grund, Herr, mich dem Gespötte, dem Geschrei und den Beleidigungen Eures Pöbels Preis zu geben; ein Grund, Euer Ferrara vor ganz Europa mit den Fingern auf Euer verachtetes und unter der Magd Eurer Stallknechte stehendes Weib deuten zu lassen; so ist das wohl ein Grund, sage ich, dass Eure Untertanen mich nicht durch ihre Mitte können gehen sehen, ohne zu sagen: Ha, dies Weib! ... Ich erkläre es Euch, Herr, das heutige Verbrechen muss untersucht und strenge bestraft werden, wenn ich nicht bei dem Papst oder dem Valentinois, der zu Forli mit fünfzehntausend Kriegsleuten steht, Klage führen soll, und dann mögt Ihr zusehen, ob es wohl der Mühe wert ist, sich darum aus Eurem Sessel zu rütteln.

Alphons: Donna, ich bin von dem Verbrechen unterrichtet, worüber Ihr klagt.

Lucretia: Wie, Herr! Ihr wisst von dem Verbrechen, und der Verbrecher ist nicht entdeckt?

Alphons: Der Verbrecher ist entdeckt.

Lucretia: Bei Gott, wie kommt es, dass er alsdann noch nicht verhaftet ist?

Alphons: Er ist verhaftet, Donna.

Lucretia: Bei meiner Seele, wie kommt es, dass er seine Strafe noch nicht erhalten hat?

Alphons: Er wird sie erhalten. Ich wollte erst Eure Meinung über die Strafe hören.

Lucretia: Ihr habt wohl daran getan, Herr! Wo ist er?

Alphons: Hier.

Lucretia: Ha, hier! Man muss ein Beispiel geben, hört Ihr, Herr? Das ist ein Majestätsverbrechen. Solche Verbrechen machen immer den Kopf fallen, welcher sie aussinnt, und die Hand, welche sie ausführt. – Ha, er ist hier! Ich will ihn sehen.

Alphons: Das ist leicht. *Er ruft*: Bautista!

Der Türsteher tritt ein.

Lucretia: Noch ein Wort, Herr, ehe der Verbrecher hereingeführt wird. Gebt mir Euer Wort als gekrönter Herzog, Don Alphons, dass er, wer er auch sei, aus Eurer Stadt oder Eurem Hause nicht lebend von hier weg soll.

Alphons: Ihr habt es. – Ich gebe es Euch, Donna, versteht Ihr wohl?

Lucretia: Gut. Ha, ich verstehe! Führt ihn her, damit ich ihn selbst vernehme. Mein Gott, was habe ich doch diesen Leuten zu Ferrara getan, dass sie mich so verfolgen?

Alphons *zum Türsteher*: Führt den Gefangenen herein.

Die Türe im Hintergrund öffnet sich. Man sieht Gennaro entwaffnet zwischen zwei Hellebardieren hereintreten. In dem nämlichen Augenblick sieht man Rustighello die Treppe in dem kleinen Zimmer zur Linken hinter der verborgenen Türe heraufsteigen. In der Hand hält er eine Platte, worauf eine goldene und eine silberne Flasche nebst zwei Bechern stehen. Er stellt die Platte auf den Fenstervorsprung, zieht seinen Degen und stellt sich hinter die Türe.

Dritte Szene

Die Nämlichen, Gennaro

Lucretia: Gennaro!

Alphons *nähert sich ihr. Leise und lächelnd*: Kennt Ihr den Mann?

Lucretia: Es ist Gennaro. Welche Schickung, mein Gott!

Sie betrachtet ihn ängstlich, er wendet die Augen ab.

Gennaro: Herr Herzog, ich bin nichts, als ein Hauptmann und spreche zu Euch mit der Achtung, die Euch gebührt. Eure Hoheit hat mich heute Morgen in meinem Hause verhaften lassen; was will sie mit mir?

Alphons: Herr Hauptmann, ein Majestätsverbrechen wurde heute Morgen dem von Euch bewohnten Hause gegenüber verübt. Der Name unserer viel geliebten Gattin und Base, Donna Lucretia Borgia, ist auf eine unverschämte Weise auf der Fronte unseres Palastes verstümmelt worden. Wir suchen den Schuldigen.

Lucretia: Er ist es nicht! Das ist eine Verwechslung, Don Alphons. Der junge Mann da ist es nicht.

Alphons: Woher wisst Ihr das?

Lucretia: Ich bin dessen gewiss. Der junge Mann ist von Venedig und nicht von Ferrara. Also ...

Alphons: Was beweist das?

Lucretia: Die Sache geschah heute Morgen, und ich weiß, dass er den Morgen bei einer gewissen Fiametta zugebracht hat.

Gennaro: Nein, Donna.

Alphons: Eure Hoheit sieht wohl, dass sie schlecht unterrichtet ist. Lasst mich ihn fragen. - Hauptmann Gennaro, habt Ihr das Verbrechen begangen?

Lucretia *verwirrt*: Man erstickt hier! Luft! Luft! Ich muss ein wenig Atem schöpfen! *Sie tritt an ein Fenster; während sie an Gennaro vorbeigeht, sagt sie ihm rasch und leise:* Sage Nein!

Alphons *beiseite*: Sie hat leise mit ihm gesprochen.

Gennaro: Herzog Alphons, die Fischer von Calabrien, die mich erzogen und die mich, wie ich noch ganz jung war, in das Meer getaucht haben, um mich stark und kühn zu machen, haben mich einen Grundsatz gelehrt, bei dem man wohl oft sein Leben, aber nie seine Ehre wagt: »Tue, was du sagst, sage, was du tust.« Herzog Alphons, ich bin der Mann, den Ihr sucht.

Alphons *sich zu Lucretia wendend*: Ihr habt mein fürstliches Wort, Donna.

Lucretia: Ich habe Euch einige Worte insgeheim zu sagen, mein Herr.

Der Herzog befiehlt durch ein Zeichen dem Türsteher und den Wachen, sich mit dem Gefangenen in den anstoßenden Saal zurückzuziehen.

Vierte Szene

Lucretia, Don Alphons

Alphons: Was wollt Ihr von mir, Donna?

Lucretia: Was ich will, Don Alphons? Ich will, dass dieser Jüngling nicht sterbe.

Alphons: Es ist kaum ein Augenblick verflossen, seit Ihr zu mir kamt wie ein Sturm, zürnend und weinend, seit Ihr über eine Euch zugefügte Beleidigung klagtet, seit Ihr unter Drohen und Schreien den Kopf des Schuldigen gefordert, seit Ihr mein fürstliches Wort begehrt habt, dass er nicht lebend von hier weg solle; ich verpfändete es Euch, und jetzt fordert Ihr sein Leben! Bei Gott, Donna, das ist unerhört!

Lucretia: Ich will, dass dieser Jüngling nicht sterbe, Herr Herzog.

Alphons: Donna, so erprobte Edelleute, wie ich, sind nicht gewohnt, ihr Wort in Versatz zu lassen. Ihr habt das meinige, ich muss es lösen. Ich habe den Tod des Schuldigen beschworen, er muss sterben. Bei meiner Seele! Ihr dürft seine Todesart wählen.

Lucretia *lächelnd und sanft*: Don Alphons, Don Alphons, wahrhaftig, wir schwätzen da tolles Zeug, Ihr und ich. Es ist wahr, ich bin ein unsinniges Weib. Mein Vater hat mich verdorben; was wollt Ihr? Seit meiner Kindheit hat man all meinen Launen gehorcht. Was ich vor einer Viertelstunde wollte, will ich letzt nicht mehr. Kommt, setzt Euch zu mir; – so – plaudern wir ein wenig, zärtlich, herzlich, wie Mann und Frau, wie zwei gute Freunde.

Alphons *ebenfalls mit einem Anstrich von Galanterie*: Donna Lucretia, Ihr seid meine Dame, und ich bin sehr glücklich, dass Ihr mich einen Augenblick zu Euren Füßen haben wollt. Er setzt sich neben sie.

Lucretia: Wie hübsch ist es, wenn man sich versteht! Wisst Ihr auch, Don Alphons, dass ich Euch noch liebe, wie am ersten Tage unserer Ehe, wo Ihr einen so glänzenden Einzug in Rom hieltet zwischen Herrn von Valentinois, meinem Bruder, und dem Herrn Kardinal Hippolyt von Este, dem Eurigen? Ich war auf dem Balkon der Peterstreppe. Ich denke noch an Euren schönen, mit goldnen Zierraten bedeckten Schimmel und an das königliche Aussehen, was Ihr auf ihm hattet.

Alphons: Ihr, Donna, wart sehr schön und glänzend unter Eurem Baldachin von Silberbrokat.

Lucretia: Oh sprecht nicht von mir, Herr, wenn ich von Euch spreche. Es ist gewiss, dass mich alle Fürstinnen Europas um meine Ehe mit dem besten Ritter der Christenheit beneiden, und ich liebe Euch wahrhaftig, als hätte ich achtzehn Jahre. Ihr wisst, dass ich Euch liebe, nicht wahr, Alphons? Ihr zweifelt wenigstens nie daran. Ich bin manchmal kalt und zerstreut; daran ist mein Charakter, nicht mein Herz schuld. Hört, Alphons, wenn Eure Hoheit mich ein wenig darum zankte, wollte ich bald anders werden. Wie schön, sich so zu lieben, wie wir! Gebt nur Eure Hand, – umarmt mich, Don Alphons! In Wahrheit, das fällt mir jetzt ein, es ist recht lächerlich, dass ein Fürst und eine Fürstin, wie Ihr und ich, die nebeneinander auf dem schönsten Herzogstuhle unter der Sonne sitzen und die sich lieben, auf dem Punkte waren, sich um einen armseligen italienischen Landstreicher zu zanken! Man muss den Menschen fortjagen und nicht weiter davon reden. Er mag gehen, wohin er will, nicht wahr, Alphons? Der Löwe und die Löwin werden über eine Mücke nicht zornig werden. – Wisst Ihr auch, mein Herr, dass Ihr die Herzogskrone zum zweiten Mal erhalten würdet, wenn man sie dem schönsten Ritter von Ferrara als Preis aussetzte? –

Wartet, ich will Bautista in Eurem Namen sagen, dass er so schnell, als möglich, diesen Gennaro aus Ferrara jagen soll.

Alphons: Das hat keine Eile.

Lucretia: Ich möchte nicht mehr daran zu denken haben. - Lasst mich die Sache auf meine Art abtun.

Alphons: Diesmal muss sie wohl auf die meinige abgetan werden.

Lucretia: Aber endlich, mein Alphons, - Ihr habt keinen Grund, den Tod dieses Menschen zu wollen.

Alphons: Und das Wort, was ich Euch gegeben? Der Eid eines Fürsten ist heilig.

Lucretia: Dergleichen muss man dem Volk sagen. Aber Ihr und ich, Don Alphons, wissen, was daran ist. Der Heilige Vater hatte Carl VIII. von Frankreich das Leben des Zizimi versprochen; seine Heiligkeit ließ nichtsdestoweniger Zizimi sterben. Herr von Valentinois hatte sich auf sein Wort dem nämlichen Kinde Carl als Geisel gestellt; Herr von Valentinois ist aus dem französischen Lager entwischt, sobald er konnte. Ihr selbst hattet dem Petrucci versprochen, ihnen Siena zurückzugeben. Ihr habt es weder getan, noch hättet Ihr es tun sollen. He, die Geschichte ist voll von dergleichen. Weder Könige noch Völker könnten bei streng gehaltenen Eiden einen Augenblick bestehen. Für uns, Alphons, ist ein beschwor'nes Wort nur dann eine Notwendigkeit, wenn es keine andere gibt.

Alphons: Dennoch, Donna Lucretia, ein Eid ...

Lucretia: Gebt mir doch nicht so erbärmliche Gründe an. Ich bin nicht einfältig. Sagt mir lieber, mein teurer Alphons, ob Ihr irgendetwas gegen diesen Gennaro habt. Nein? Nun gut, schenkt mir sein Leben. Was macht das Euch, wenn es mir einfällt, ihm zu verzeihen? Ich bin die Beleidigte.

Alphons: Grade, weil er Euch beleidigt hat, meine Liebe, kann ich ihn nicht begnadigen.

Lucretia: Ihr werdet mir es nicht länger verweigern, wenn Ihr mich liebt. Wenn es mir nun beliebt, den Weg der Milde zu versuchen? Ich will von Eurem Volke geliebt sein. Die Gnade, Alphons, macht einen König Jesus Christus ähnlich. Lasst uns gnädige Herrn sein. Das arme Italien hat ohne uns Tyrannen genug, von den baronisierten Stellvertretern des Papstes an bis zu dem päpstlichen Stellvertreter des Himmels. Machen wir ein Ende damit, teurer Alphons. Setzt diesen Gennaro in Freiheit. Es ist eine Laune, wenn Ihr wollt; aber es ist etwas Heiliges und Göttliches in der Laune eines Weibes, wenn sie einem Menschen den Kopf rettet.

Alphons: Ich kann nicht, teure Lucretia.

Lucretia: Ihr könnt nicht? Aber warum endlich könnt Ihr mir etwas so Unbedeutendes, wie das Leben eines Soldaten, nicht schenken?

Alphons: Ihr fragt, warum, meine Liebe?

Lucretia: Ja, warum?

Alphons: Weil dieser Soldat Euer Geliebter ist, Donna.

Lucretia: Himmel!

Alphons: Weil Ihr in Venedig wart, ihn zu suchen! Weil Ihr in die Hölle gehen würdet, ihn zu suchen! Weil ich Euch verfolgt habe, während Ihr ihn verfolgtet! Weil ich Euch sah, als Ihr ihm unter Eurer Maske nachlieft, keuchend, wie die Wölfin hinter ihrer Beute! Weil Ihr ihn noch im Augenblick mit einem Blick voll Tränen und Feuer verschlangt! Weil Ihr Euch ihm ohne Zweifel überlassen habt. Donna! Weil es jetzt genug ist mit Schande und Ehebruch Weil es Zeit ist, dass ich meine Ehre räche und um mein Bett einen Strom von Blut fließen mache! Versteht Ihr, Donna?

Lucretia: Don Alphons ...

Alphons: Schweigt. - Wacht über Eure Liebhaber in Zukunft, Lucretia! Stellt, wen Ihr wollt, als Pförtner an die Türe, durch die man zu Eurer Schlafkammer gelangt; aber an der Türe, durch die man herausgeht, wird jetzt ein Pförtner nach meiner Wahl stehen - der Henker!

Lucretia: Herr, ich schwöre Euch ...

Alphons: Schwört nicht. - Eide, das ist gut für den Pöbel. Gebt mir doch keine so erbärmlichen Gründe an.

Lucretia: Wenn Ihr wüsstet ...

Alphons: Seht, Donna, ich hasse Euer ganzes abscheuliches Geschlecht Borgia und Euch vor allen, Euch, die ich so toll liebte! Ich muss Euch das ein wenig vollständig sagen. Es ist eine schändliche, unerhörte und seltsame Sache, in uns beiden das Haus Este, welches edler ist, als das Geschlecht der Valois und der Tudor, das Haus Este, sage ich, und das Haus Borgia vereinigt zu sehen, das Haus Borgia, das nicht einmal so, sondern Lenzuoli oder Lenzolio oder, ich weiß nicht, wie heißt! Ich verabscheue Euren Bruder Cäsar, der natürliche Blutflecken im Gesicht hat! Euren Bruder Cäsar, der Euren Bruder Johann erschlagen hat! Ich verabscheue Eure Mutter Rosa Vanozza, das alte spanische Freudenmädchen, das in Rom Ärgernis erregt, nachdem es das Nämliche in Valencia getan! Und was Eure sogenannten Neffen anbelangt, die Herzoge von Sermoneto-Nepi, - schöne Herzoge, wahrhaftig! Herzoge von gestern! Herzoge von gestohlenen Herzogtümern! Lasst mich zu Ende kommen. Ich verabscheue Euren Vater, der Papst ist und der ein Weiber-Serail hält, wie der Türkensultan Bajazet; Euren Vater, welcher der Antichrist ist; Euren Vater, der die Galeeren mit berühmten Männern und das heilige Collegium mit Banditen besetzt, sodass man fragen sollte, wenn man sie in ihren roten Kleidern sieht, ob die Galeerensklaven Kardinäle und ob die Kardinäle Galeerensklaven sind! – Geht jetzt!

Lucretia: Herr! Herr! Ich flehe zu Euch auf den Knien und mit gefalteten Händen, um Jesus und Maria willen, Eures Vaters und Eurer Mutter willen, Herr, ich flehe Euch um das Leben dieses Mannes!

Alphons: Das heiße ich lieben! – Ihr dürft mit seiner Leiche machen, was Ihr wollt, und ich denke, dass Ihr es könnt, ehe eine Stunde vergeht.

Lucretia: Gnade für Gennaro!

Alphons: Wenn Ihr den festen Entschluss in meiner Seele lesen könntet, so würdet Ihr so wenig davon reden, als wenn er schon tot wäre.

Lucretia *sich erhebend*: Ha, hütet Euch, Don Alphons von Ferrara, mein vierter Gemahl.

Alphons: Oh, spielt nicht die schreckliche Donna! Bei meiner Seele, ich fürchte Fluch nicht! Ich kenne Eure Kniffe. Ich werde mich nicht vergiften lassen, wie Euer erster Gemahl, der arme spanische Edelmann, dessen Namen ich so wenig mehr weiß, als Ihr. Ich werde mich nicht fortjagen lassen, wie Euer zweiter Gemahl, der Schwachkopf Johann Sforza, Herr von Pesaro. Ich werde mich nicht mit Spießen auf irgendeiner Treppe erstechen lassen, wie der dritte, Don Alphons von Aragonien, das schwache Kind, dessen Blut den Boden so wenig färbte, als reines Wasser. Ich bin ein Mann, Donna. Der Name Herkules ist unsrem Hause gewöhnlich. Beim Himmel, meine Stadt und meine Herrschaft sind voll von Soldaten, und ich bin selbst einer und habe noch nicht, wie der arme König von Neapel, meine guten Kanonen dem Papste, Eurem Heiligen Vater, verkauft!

Lucretia: Ihr werdet diese Worte bereuen, mein Herr. Ihr vergesst, wer ich bin ...

Alphons: Ich weiß sehr gut, wer Ihr seid, und weiß sehr gut, wo Ihr seid. Ihr seid die Tochter des Papstes, aber Ihr seid nicht zu Rom; Ihr seid die Herrin von Spoleto, aber Ihr seid nicht zu Spoleto; Ihr seid das Weib, die Dienerin und Magd des Alphons, Herzogs von Ferrara, und Ihr seid zu Ferrara. *Donna Lucretia, ganz bleich vor Schrecken und Zorn, sieht den Herzog starr an und weicht langsam vor ihm zurück, bis zu einem Sessel, in den sie wie gebrochen hinsinkt.* Aha! Das wundert Euch; Ihr fürchtet Euch vor mir, Donna; bisher war ich es, der Furcht vor Euch hatte. Es soll von nun an immer so sein, und um damit anzufangen, fasse ich einen von Euren Liebhabern; er stirbt.

Lucretia *mit schwacher Stimme*: Überlegen wir ein wenig, Alphons. Wenn dieser Mann der Nämliche ist, der mich das Verbrechen der beleidigten Majestät begangen hat, so kann er nicht zugleich mein Geliebter sein ...

Alphons: Warum nicht? In einem Anfall von Zorn, Ärger, Eifersucht! Denn er ist vielleicht auch eifersüchtig, er. Übrigens, was weiß ich? Ich will, dass er sterbe. Es beliebt mir nun einmal so. Dieser Palast ist voll Soldaten, die mir ergeben sind und nur mich kennen; er kann nicht entwischen. Ihr werdet nichts hindern. Ich habe Eurer Hoheit die Wahl seines Todes überlassen; entschließt Euch.

Lucretia *die Hände ringend*: Oh mein Gott! Mein Gott! Mein Gott!

Alphons: Ihr antwortet nicht? So will ich ihn im Vorzimmer mit Degenstichen töten lassen.

Er will gehen, sie fasst ihn beim Arm.

Lucretia: Halt!

Alphons: Wollt Ihr ihm lieber ein Glas Syrakusaner einschenken?

Lucretia: Gennaro!

Alphons: Er muss sterben.

Lucretia: Nicht durch Degenstiche!

Alphons: An der Art liegt wenig. Was wählt Ihr?

Lucretia: Das andere.

Alphons: Ihr werdet achtgeben, dass Ihr Euch nicht vergreift und ihm ein Glas aus der goldenen Flasche einschenken. Ihr kennt sie ja? Ich werde übrigens dabei sein; bildet Euch nicht ein, dass ich Euch verlassen werde.

Lucretia: Ich werde tun, was Ihr wollt.

Alphons: Bautista! *Der Türsteher tritt ein.* Führt den Gefangenen herein.

Lucretia: Ihr seid ein abscheulicher Mensch, Herr!

Fünfte Szene

Die Nämlichen, Gennaro, die Wache

Alphons: Was höre ich, Herr Gennaro? Was Ihr heute Morgen getan, geschah aus Leichtsinn und Prahlerei und ohne böse Absicht, die Herzogin verzeiht Euch; Ihr sollt ein tapferer Mann sein. Bei meiner Mutter! Wenn es sich so verhält, so könnt Ihr frei und unversehrt nach Venedig zurückkehren. Ich möchte um keinen Preis die hohe Republik Venedig um einen guten Diener und die Christenheit um einen treuen Arm bringen, der ein treues Schwert führt, wann sich in den Gewässern von Cypern oder Candia die Heiden oder die Sarazenen zeigen.

Gennaro: Zur guten Stunde, Herr! Ich rechnete nicht, ich gestehe es, auf einen solchen Schluss. Ich danke Eurer Hoheit. Die Milde ist eine königliche Tugend, und Gott wird da oben dem gnädig sein, der hier unten gnädig ist.

Alphons: Hauptmann, ist der Dienst der Republik gut, und wie viel gewinnt Ihr dabei Jahr für Jahr?

Gennaro: Ich habe einen Haufen von fünfzig Lanzen, die ich kleide und frei halte. Die hohe Republik gibt mit zweitausend Goldzechinen jährlich, ohne die Nebengefälle zu rechnen.

Alphons: Und wenn ich Euch viertausend anböte, würdet Ihr Dienste bei mir nehmen?

Gennaro: Unmöglich. Ich bin noch für fünf Jahre der Republik verpflichtet. Ich bin gebunden.

Alphons: Wie? Gebunden!

Gennaro: Durch einen Eid.

Alphons *leise zu Lucretia*: Diese Leute scheinen ihre zu halten. *Laut:* Sprechen wir nicht mehr davon, Gennaro.

Gennaro: Ich habe keine Niederträchtigkeit begangen, um mein Leben zu retten; aber weil Eure Hoheit mir es schenkt, so kann ich ihr jetzt Folgendes sagen. Eure Hoheit erinnert sich wohl an den Sturm auf Faenza, es sind jetzt zwei Jahre her. Der Herzog Herkules von Eiste, Euer Vater, geriet dabei in große Gefahr durch zwei Armbrustschützen des Valentinois, die im Begriff waren, ihn zu töten. Ein Soldat rettete ihm das Leben.

Alphons: Ja, und man konnte diesen Soldaten nie wieder finden.

Gennaro: Das war ich.

Alphons: Bei Gott, mein Hauptmann, das verdient eine Belohnung. - Würdet Ihr wohl diese Börse mit Goldzechinen annehmen?

Gennaro: Als wir in den Dienst der Republik Venedig traten, schwuren wir, kein Geld von fremden Souveränen anzunehmen. Indes, wenn Eure Hoheit es erlaubt, nehme ich das Geld und verteile es in meinem Namen unter die braven Soldaten da. Er deutet auf die Wache.

Alphons: Tut es. Gennaro nimmt die Börse. Aber dann werdet Ihr wenigstens nach dem alten Gebrauch unserer Voraltern als guter Freund ein Glas von meinem Syrakusaner mit mir trinken.

Gennaro: Recht gern, Herr!

Alphons: Und ich will, dass die Herzogin selbst es Euch einschenke, um Euch als den Retter meines Vaters zu ehren. *Gennaro neigt sich und geht in den Hintergrund der Bühne, um das Gold den Soldaten auszuteilen. Der Herzog ruft:* Rustighello! *Rustighello tritt mit der Platte herein.* Stelle die Platte auf diesen Tisch. - Gut. *Er nimmt Donna Lucretia bei der Hand.* Donna, hört, was ich diesem Manne sagen werde. - Rustighello, gehe zurück und stelle dich hinter diese Türe, den bloßen Degen in der Hand. Du kommst herein, wenn du diese Schelle hörst. Geh!

Rustighello geht und man sieht ihn sich wieder hinter die Türe stellen.

Alphons: Donna, Ihr werdet diesem jungen Manne einschenken und achtgeben, dass Ihr die goldene Flasche da nehmt.

Lucretia *bleich mit schwacher Stimme*: Ja.

Alphons: Donna, Ihr werdet diesem jungen Manne einschenken und achtgeben, dass Ihr die goldene Flasche nehmt.

Lucretia *bleich mit schwacher Stimme*: Ja. - Wenn Ihr wüsstet, was Ihr in diesem Augenblicke tut, und wie entsetzlich es ist, Ihr würdet schaudern, so entmenscht Ihr auch seid, Herr!

Alphons: Gebt Acht, dass ihr die Flaschen nicht verwechselt. - He, Kapitän!

Gennaro, der mit seiner Verteilung zu Ende ist, kommt auf den Vordergrund der Bühne zurück. Der Herzog schenkt sich aus silbernen Flasche in einen von den Bechern ein und setzt ihn an die Lippen.

Gennaro: Ich bin beschämt durch so viel Güte, Herr.

Alphons: Donna, schenkt dem Herrn Gennaro ein. Wie alt seid Ihr, Hauptmann?

Gennaro *nimmt den andern Becher und hält ihn der Herzogin hin*: Zwanzig Jahre.

Alphons *leise zur Herzogin, welche die silberne Flasche zu ergreifen sucht*: Die goldene Flasche, Donna! *Sie nimmt zitternd die goldene Flasche.* Ah! Ihr seid wohl verliebt?

Gennaro: Wer ist es nicht ein wenig, mein Herr?

Alphons: Wisst Ihr auch, Donna, dass es grausam wäre, diesen Hauptmann dem Leben, der Liebe, der Sonne Italiens, dem schönen Alter von zwanzig Jahren, seinem glorreichen Kriegs- und Abenteurerhandwerk, womit alle königlichen Geschlechter angefangen haben, den Festen, den Maskenbällen, dem lustigen Fasching von Venedig, wo so viele Ehemänner betrogen werden, und den sehr schönen Damen, die er noch lieben kann und die ihn lieben werden, zu entreißen? Nicht wahr, Donna? Schenkt doch dem Hauptmann ein. *Leise*: Wenn Ihr zaudert, so lasse ich Rustighello hereinkommen. *Sie schenkt Gennaro ein, ohne ein Wort zu sagen.*

Gennaro: Ich danke Euch, Herr, dass Ihr mich für meine arme Mutter leben lasst.

Lucretia *beiseite*: Oh entsetzlich!

Alphons *trinkt*: Auf Eure Gesundheit, Hauptmann Gennaro! Ich wünsche Euch viele Jahre.

Gennaro: Herr, Gott vergelte es Euch! *Er trinkt.*

Lucretia *beiseite*: Himmel!

Alphons *beiseite*: Es ist geschehen! *Laut*: Ich verlasse Euch jetzt, mein Hauptmann. Ihr könnt nach Venedig abreisen, wenn Ihr wollt, *leise zu Lucretia*: Dankt mir, Donna, ich lasse Euch allein mit ihm. Ihr habt ihm noch Lebewohl zu sagen. Verlebt mit ihm, wenn Ihr Lust habt, seine letzte Viertelstunde. *Er geht, die Wachen folgen ihm.*

Sechste Szene

Donna Lucretia, Gennaro.
Man sieht noch immer Rustighello unbeweglich hinter der verborgenen Türe im Nebenzimmer.

Lucretia: Gennaro! – Ihr seid vergiftet!

Gennaro: Vergiftet, Donna?

Lucretia: Vergiftet!

Gennaro: Das hätte ich denken sollen, - Ihr habt den Wein eingeschenkt.

Lucretia: Oh, macht mir keine Vorwürfe, Gennaro! Entreißt mir nicht den Rest von Kraft, der mir noch bleibt und den ich noch für einige Augenblicke nötig habe. - Hört mich! Der Herzog ist eifersüchtig auf Euch, er hält Euch für meinen Liebhaber. Der Herzog ließ mir keine Wahl, als Euch von Rustighello erdolchen zu sehen, oder Euch selbst das Gift zu geben. Ein furchtbares Gift, Gennaro, ein Gift, woran der Gedanke allein jeden Italiener, der die Geschichte der letzten zwanzig Jahre kennt, erbleichen macht.

Gennaro: Ja, das Gift der Borgia!

Lucretia: Ihr habt davon getrunken. Niemand unter der Sonne kennt ein Gegengift für diese schreckliche Mischung, niemand als der Papst, Herr von Valentinois und ich. Seht, dies Fläschchen, das ich immer in meinem Gürtel trage, dies Fläschchen, Gennaro, ist Leben, Gesundheit, Rettung. Nur ein Tropfen auf Eure Lippen, und seid gerettet! *Sie will das Fläschchen an die Lippen Gennaros bringen, er weicht zurück.*

Gennaro *indem er sie scharf ansieht*: Donna, was beweist mir, dass dies nicht das Gift ist?

Lucretia *sinkt vernichtet in einen Sessel*: Oh mein Gott, mein Gott!

Gennaro: Heißt Ihr nicht Lucretia Borgia? - Meint Ihr, ich erinnerte mich nicht an den Bruder des Bajazet? Ja, ich verstehe ein wenig Geschichte! Man machte ihn auch glauben, er sei von Carl VIII. vergiftet worden, und gab ihm ein Gegengift, woran er starb, und die Hand, die ihm das Gift reichte, da ist sie, sie hält noch das Fläschchen, und der Mund, der ihm sagte: trinke!, da ist er und spricht zu mir!

Lucretia: Oh ich elendes Weib!

Gennaro: Hört, Donna, ich lasse mich durch Euren Anstrich von Liebe nicht täuschen. Ihr habt eine unheilvolle Absicht mit mir. Das ist klar. Ihr müsst wissen, wer ich bin. Seht, in dem Augenblick lese ich in Eurem Gesicht, dass Ihr es wisst, und es ist leicht einzusehen, dass ein unüberwindlicher Grund Euch bestimmt, mir es niemals zu sagen. Eure Familie muss die meinige kennen, und zu dieser Stunde würdet Ihr Euch vielleicht durch meine Vergiftung nicht allein an mir rächen, sondern auch, wer weiß, an meiner Mutter.

Lucretia: Eure Mutter, Gennaro! Ihr stellt sie Euch vielleicht anders vor, als sie wirklich ist. Was würdet Ihr sagen, wenn sie, wie ich, nichts als ein verbrecherisches Weib wäre?

Gennaro: Lästert sie nicht! - Oh nein! Meine Mutter ist nicht ein Weib wie Ihr, Donna Lucretia. Oh, mein Herz fühlt sie, meine Seele träumt sie, wie sie ist; ich habe ihr Bild, da, es wurde mit mir geboren; ich würde sie nicht lieben, wie ich sie liebe, wenn sie meiner nicht würdig wäre. Das Herz eines Sohnes täuscht sich nicht in seiner Mutter. Ich würde sie hassen, wenn sie Euch gleichen könnte. Aber, nein, nein! Es ist etwas in mir, was mir laut sagt, dass meine Mutter kein blutschänderischer, üppiger, Gift mischender Teufel ist, wie ihr andern schönen Damen von jetzt. Oh Gott, ich weiß sicher, dass meine Mutter es ist, wenn es unter dem Himmel ein unschuldiges, tugendhaftes, heiliges Weib gibt! Oh, sie ist so und nicht anders! Ihr kennt sie ohne Zweifel, Donna Lucretia, und werdet mich nicht Lügen strafen!

Lucretia: Nein, dies Weib, Gennaro, diese Mutter kenne ich nicht.

Gennaro: Aber vor wem spreche ich so? Was kümmern Euch, Lucretia Borgia, die Freuden und Schmerzen einer Mutter! Ihr habt niemals Kinder gehabt, wie man sagt. Ihr seid sehr glücklich; denn wisst Ihr auch, Donna, dass Eure Kinder, wenn Ihr welche hättet, Euch verleugnen würden? Welcher Unglückliche wäre so vom Himmel verlassen, dass er eine solche Mutter sich wünschte? Der Sohn der Lucretia Borgia zu sein! »Meine Mutter!« zu Lucretia Borgia zu sagen! Oh!

Lucretia: Gennaro, Ihr seid vergiftet; der Herzog, der Euch tot glaubt, kann jeden Augenblick zurückkommen; ich sollte nur an Euer Heil und an Eure Flucht denken; aber Ihr sagt mir da so schreckliche Dinge, dass ich nichts vermag, als sie wie versteinert anzuhören.

Gennaro: Donna ...

Lucretia: Seht! Wir müssen damit zu Ende kommen. Erdrückt mich, begrabt mich unter der Last Eurer Verachtung! Aber Ihr seid vergiftet, trinkt das auf der Stelle!

Gennaro: Wem soll ich glauben? Der Herzog ist edel, und ich habe seinem Vater das Leben gerettet. Euch habe ich beleidigt, Ihr habt Euch an mir zu rächen.

Lucretia: Mich an dir rächen, Gennaro! - Ich würde mein Leben geben, um das deinige um eine Stunde zu verlängern; ich würde all mein Blut vergießen, um dir eine Träne zu sparen; ich würde mich an den Pranger stellen, um dich auf einen Thron zu setzen; ich würde mit Höllenqualen jede deiner geringsten Freuden erkaufen; ich würde nicht zaudern, nicht murren, ich wäre glücklich, ich würde deine Füße küssen, mein Gennaro! Oh, du sollst nie etwas von meinem armen unseligen Herzen erfahren, als dass es voll von dir ist! - Gennaro, die Zeit drängt, das Gift wirkt, du wirst es gleich fühlen, noch ein wenig, und es ist nicht mehr Zeit. Das Leben öffnet in diesem Augenblick zwei dunkle Räume vor dir, aber der eine hat nicht soviel Minuten, als der andere Jahre. Du musst einen von beiden wählen. Die Wahl ist schrecklich. Lass dich von mir leiten. Habe Erbarmen mit dir und mir, Gennaro! Trinke schnell, im Namen des Himmels!

Gennaro: Meinetwegen. Ist ein Verbrechen darunter, so mag es auf Euer Haupt fallen. Sei, was Ihr sagt, wahr oder falsch, es verlohnt sich nicht der Mühe, so viel Worte um ein Leben zu machen. Gebt! *Er nimmt das Fläschchen und trinkt.*

Lucretia: Gerettet! – Jetzt nach Venedig, so schnell dich dein Pferd trägt. Du hast Geld?

Gennaro: Ja.

Lucretia: Der Herzog hält dich für tot, man kann ihm leicht deine Flucht verbergen. Warte! Behalte das Fläschchen und trage es immer mit dir. In der Zeit, worin wir leben, ist Gift in jeder Mahlzeit; du besonders bist ausgesetzt. Jetzt schnell fort! *Sie zeigt ihm die verborgene Türe, die sie halb öffnet.* Steige diese Treppe hinab. Sie führt in einen Hof des Palastes Negroni. Du kannst leicht auf dem Wege entkommen. Warte nicht bis zum Morgen des nächsten Tages, warte nicht bis Sonnenuntergang, warte keine Stunde, keine halbe Stunde! Verlasse Ferrara sogleich, verlasse Ferrara, als wäre es ein brennendes Sodom, und blicke nicht hinter dich! – Lebe wohl! Warte noch einen Augenblick. Ich habe dir mein letztes Wort zu sagen, mein Gennaro.

Gennaro: Sprecht, Donna.

Lucretia: Ich sage dir in diesem Augenblick Lebewohl, Gennaro, um dich nie wieder zu sehen. Ich darf nicht mehr denken, dich noch manchmal auf meinem Wege zu treffen. Es war das einzige Glück, was ich auf Erden hatte. Aber das hieße dein Leben wagen.

Jetzt sind wir also für immer in diesem Leben getrennt. Ach, ich weiß allzu gut, dass wir es auch in dem andern sein werden. Gennaro, wirst du mir nicht ein freundliches Wort sagen, ehe du mich so für die Ewigkeit verlässt?

Gennaro schlägt die Augen nieder: Donna ...

Lucretia: Endlich, ich habe dir das Leben gerettet!

Gennaro: So sagt Ihr. Das alles ist voll Dunkel; ich weiß nicht, was ich denken soll. Seht, Donna, ich kann Euch verzeihen, eins ausgenommen.

Lucretia: Und was?

Gennaro: Schwört mir bei allem, was Euch teuer ist, bei meinem Haupt, weil Ihr mich liebt, bei dem ewigen Heil meiner Seele, schwört mir, dass Eure Verbrechen nichts mit dem Unglück meiner Mutter zu schaffen haben.

Lucretia: Jedes Wort zu dir, Gennaro, ist mir heilig. Ich kann dir das nicht beschwören.

Gennaro: Oh meine Mutter, meine Mutter! Da ist also das entsetzliche Weib, welches dein Unglück war!

Lucretia: Gennaro!

Gennaro: Ihr habt bekannt, Donna! Seid verflucht!

Lucretia: Und du, Gennaro, sei gesegnet!

Er geht, sie sinkt ohnmächtig in den Sessel.

Zweite Abteilung

Die zweite Dekoration. Der Platz von Ferrara mit dem herzoglichen Balkon auf der einen und dem Hause des Gennaro auf der anderen Seite. Nacht

Erste Szene

Don Alphons, Rustighello, in Mäntel gehüllt

Rustighello: Ja, Herr, das ging so zu. Sie gab ihn, ich weiß nicht durch welchen Trank, dem Leben zurück und ließ ihn durch den Hof des Palastes Negroni entwischen.

Alphons: Und du hast es gelitten?

Rustighello: Wie es hindern? Sie hatte die Türe verriegelt; ich war eingeschlossen.

Alphons: Du hättest die Türe einbrechen sollen.

Rustighello: Eine Türe von Eichenholz, ein Riegel von Eisen. Eine Kleinigkeit!

Alphons: Was macht das! Du musstest den Riegel sprengen, sage ich dir, du musstest einbrechen und ihn töten.

Rustighello: Erstens, gesetzt auch, ich hätte die Türe einbrechen können, so würde ihn Donna Lucretia mit ihrem Körper gedeckt haben. Ich hätte auch Donna Lucretia töten müssen.

Alphons: Und? Nun?

Rustighello: Dazu hatte ich keinen Befehl.

Alphons: Rustighello! Gute Diener begreifen die Fürsten, indem sie ihnen die Mühe sparen, alles zu sagen.

Rustighello: Und dann hätte ich Eure Hoheit mit dem Papste zu entzweien gefürchtet.

Alphons: Dummkopf!

Rustighello: Das war eine kitzlige Sache, Herr, die Tochter des Heiligen Vaters zu töten!

Alphons: Nun, konntest du nicht, ohne sie zu töten, schreien, rufen, mich benachrichtigen, ihren Liebhaber an der Flucht verhindern?

Rustighello: Ja, und morgen würde Eure Hoheit sich mit Donna Lucretia versöhnt haben, und übermorgen würde Donna Lucretia mich haben hängen lassen.

Alphons: Genug. Du sagtest mir, es sei noch nichts verloren.

Rustighello: Nein. Ihr seht ein Licht an diesem Fenster. Der Gennaro ist noch nicht abgereist. Sein Knecht, den die Herzogin bestochen hatte, ist jetzt von mir bestochen und hat mir alles gesagt. In diesem Augenblick wartet er auf seinen Herrn hinter der Zitadelle mit zwei gesattelten Pferden. Der Gennaro wird sogleich ausgehen, um ihn aufzusuchen.

Alphons: In dem Fall stellen wir uns hinter die Ecke seines Hauses. Es ist finstere Nacht. Wir töten ihn, wenn er vorbeigeht.

Rustighello: Wie es Euch beliebt.

Alphons: Dein Degen ist gut?

Rustighello: Ja.

Alphons: Du hast einen Dolch?

Rustighello: Ein Italiener ohne Dolch und eine Italienerin ohne einen Geliebten sind zwei Dinge, die man nicht leicht unter der Sonne findet.

Alphons: Gut, du wirst mit beiden Händen zustoßen.

Rustighello: Herr Herzog, warum lasst Ihr ihn nicht ganz einfach verhaften und nach einem Ausspruch des Fiskals hängen?

Alphons: Er ist ein Untertan von Venedig; das hieße der Republik den Krieg erklären. Nein. Ein Dolchstich kommt, man weiß nicht woher, und bringt niemand in Verlegenheit. Gift taugt noch mehr, aber es hat nicht gewirkt.

Rustighello: Wollt Ihr dann, Herr, dass ich vier Sbirren hole, um ihn abzutun, ohne dass Eure Hoheit die Mühe hat, sich hineinzumengen?

Alphons: Mein Lieber, der Herr Machiavelli hat mir oft gesagt, dass in solchen Fällen die Fürsten am Besten selbst ihre Geschäfte besorgen.

Rustighello: Herr, ich höre jemand kommen.

Alphons: Stellen wir uns da an die Mauer.

Sie verbergen sich im Schatten unter dem Balkon.

Maffio, festlich gekleidet, tritt auf: Er kommt singend und klopft an die Tür von Gennaro.

Zweite Szene

Don Alphons und Rustighello versteckt. Maffio, Gennaro

Maffio: Gennaro!

Die Tür öffnet sich, Gennaro tritt auf.

Gennaro: Bist du es, Maffio? Willst du hereinkommen?

Maffio: Nein. Ich habe dir nur zwei Worte zu sagen. Kommst du bestimmt nicht diesen Abend mit uns zu der Fürstin Negroni?

Gennaro: Ich bin nicht eingeladen.

Maffio: Ich werde dich vorstellen.

Gennaro: Ich habe noch einen ändern Grund; ich muss dir es sagen. Ich reise ab.

Maffio: Wie, du gehst?

Gennaro: In einer Viertelstunde.

Maffio: Warum?

Gennaro: Ich werde dir es zu Venedig sagen.

Maffio: Liebeshändel.

Gennaro: Ja, Liebeshändel.

Maffio: Du handelst nicht recht gegen mich, Gennaro. Wir haben uns geschworen, uns nie zu verlassen, uns nie zu trennen, Brüder zu sein, und nun reisest du ohne mich ab.

Gennaro: Komm mit mir!

Maffio: Komm lieber mit mir! Es ist viel angenehmer, die Nacht bei Tische mit schönen Weibern und fröhliche Gästen hinzubringen, als auf der Landstraße zwischen Banditen und Abstürzen.

Gennaro: Du trautest diesen Morgen deiner Fürstin Negroni nicht viel.

Maffio: Ich habe mich erkundigt. Jeppo hatte Recht. Sie ist eine liebenswürdige, gut gelaunte Dame, welche Verse und Musik liebt, das ist alles. Fort, komm mit mir!

Gennaro: Ich kann nicht.

Maffio: In tiefer Nacht abzureisen! Willst du dich ermorden lassen?

Gennaro: Sei ruhig. Lebe wohl. Viel Vergnügen.

Maffio: Bruder Gennaro, mir ahnt nichts Gutes von deiner Reise.

Gennaro: Bruder Maffio. mir ahnt nichts Gutes von deinem Gastmahl.

Maffio: Wenn dir irgendwas zustieße, ohne dass ich zugegen wäre!

Gennaro: Wer weiß, ob ich mir morgen nicht vorwerfe, dich diesen Abend verlassen zu haben?

Maffio: Bestimmt, trennen wir uns nicht, ein jeder gibt dem andern ein wenig nach. Komm diesen Abend mit mir zur Negroni, und morgen bei Tagesanbruch reisen wir zusammen ab. Soll das ein Wort sein?

Gennaro: Ich muss dir den Grund meiner plötzlichen Abreise erzählen, Maffio. Du magst dann beurteilen, ob ich recht habe. *Er nimmt Maffio beiseite und spricht ihm ins Ohr.*

Rustighello *unter dem Balkon leise zu Alphons*: Greifen wir an, Herr!

Alphons *leise*: Warten wir das Ende davon ab.

Maffio *bricht nach Gennaros Erzählung in Lachen aus*: Gennaro, soll ich dir sagen: Du bist angeführt! Bei der ganzen Geschichte gab es weder Gift noch Gegengift. Reines Possenspiel. Die Lucretia ist toll in dich verliebt, sie wollte dich glauben machen, dass sie dir das Leben gerettet, um dich ganz sacht aus der Dankbarkeit in die Liebe schlüpfen zu lassen. Der Herzog ist ein guter Mann, unfähig, irgendjemand zu vergiften oder zu ermorden. Du hast außerdem seinem Vater das Leben gerettet, und er weiß es. Die Herzogin verlangt deine Abreise, das ist ganz einfach. Ihr Liebeshandel würde zu Venedig sich leichter fortspinnen, als zu Ferrara. Der Gemahl hindert sie doch immer ein wenig. Was das Gastmahl der Negroni anbelangt, so sage ich dir, es wird köstlich sein. Du kommst hin! Was Teufel, man muss ein wenig überlegen und nichts übertreiben. Du weißt, ich bin vorsichtig und ein guter Ratgeber. Weil es zwei oder drei berüchtigte Abendessen gab, wobei die Borgia mit sehr gutem Wein einige ihrer guten Freunde vergiftet haben, so ist dies doch kein Grund, gar nicht mehr zu Abend zu essen. Das ist kein Grund, in dem köstlichen Syrakusaner immer Gift und hinter allen schönen Fürstinnen Italiens immer Lucretia Borgia zu sehen. Gespenster und Ammenmärchen all das! Wenn man so schließen wollte, könnten nur die Kinder an der Brust unbesorgt trinken und ruhig ihre Nahrung zu sich nehmen. Beim Herkules, Gennaro, sei ein Kind oder ein Mann. Lege dich wieder an deine Amme, oder komm zum Gastmahl.

Gennaro: In der Tat, es ist etwas sonderbar, sich so des Nachts fortzumachen; es sieht aus, als fürchtete ich mich. Außerdem, wenn das Bleiben gefährlich ist, darf ich Maffio nicht allein lassen. Es mag daraus werden, was da will. Das eine ist so gut, wie das andere. So sei es. Du wirst mich der Fürstin Negroni vorstellen. Ich gehe mit dir.

Maffio *nimmt ihn bei der Hand*: Bei Gott, das ist ein Freund! Sie gehen ab. Man sieht sie nach dem Hintergrunde des Platzes zu gehen.

Don Alphons und Rustighello treten aus ihrem Versteck hervor.

Rustighello mit entblößtem Degen: Ha, was wartet Ihr, Herr? Es sind nur zwei, sucht Euern Mann aus, ich nehme den andern auf mich.

Alphons: Nein, Rustighello. Sie werden bei der Fürstin Negroni zu Nacht speisen, wenn ich gut unterrichtet bin ... *Er unterbricht sich und scheint einen Augenblick* *nachzudenken, dann bricht er in Lachen aus.* Wahrhaftig! Das würde meine Sache noch besser abtun, es wäre eine drollige Geschichte. Warten wir bis morgen.

Sie gehen in den Palast zurück.

Dritte Handlung
Betrunken - Tot

Donna Lucretia Borgia - Gennaro -
Gubetta - Jeppo Liveretto - Ascanio Petrucci -
Maffio Orsini - Don Apostolo Gazella -
Oloferno Vitellozzo - Die Fürstin Negroni

Ein prächtiger Saal des Palastes Negroni. Zur Rechten eine blinde Türe. Im Hintergrund eine große und sehr breite Flügeltüre. In der Mitte eine im Geschmack des 15. Jahrhunderts prächtig besetzte Tafel. Kleine, schwarze in Goldbrokat gekleidete Sklaven warten auf. - Im Augenblick, wo der Vorhang aufgeht, sitzen vierzehn Gäste an der Tafel, Jeppo, Maffio, Ascanio, Oloferno, Apostolo, Gennaro, Gubetta und sieben hübsche, sehr elegant gekleidete Damen. Alle, Gennaro ausgenommen, der nachdenkend und schweigend aussieht, essen und trinken oder lachen aus vollem Halse mit ihren Nachbarinnen.

Erste Szene

Jeppo, Maffio, Ascanio, Oloferno, Don Apostolo, Gubetta, Gennaro, Damen, Pagen

Oloferno *sein Glas in der Hand*: Es lebe der Wein von Xeres! Xeres de la Frontera ist eine Stadt des Paradieses.

Maffio *sein Glas in dar Hand*: Der Wein, den wir trinken, ist mehr wert, als die Geschichten, welche du uns erzählst, Jeppo.

Ascanio: Jeppo hat die Krankheit, Geschichten zu erzählen, wenn er getrunken hat.

Apostolo: Ein andern Mal war es zu Venedig bei dem hohen Dogen Barbarigo; heute ist es zu Ferrara bei der göttlichen Fürstin Negroni.

Jeppo: Ein ander Mal war es eine schauerliche, heute ist es eine lustige Geschichte.

Maffio: Eine lustige Geschichte, Jeppo! Wie es kam, dass Don Siliceo, ein schöner Kavalier von dreißig Jahren, der sein Erbteil im Spiel verloren hatte, die reiche Marquise Calpurnia heiratete, die achtundvierzig Frühlinge zählte. Bei dem Leibe des Bachus, du findest das lustig!

Gubetta: Das ist traurig und gewöhnlich. Ein ruinierter Mann heiratet eine Ruine von einem Weibe. Das sieht man alle Tage. *Er fängt an zu essen. Von Zeit zu Zeit stehen einige von der Tafel auf und plaudern auf dem Vordergrund der Bühne, während das Gelage fortdauert.*

Negroni *zu Maffio, indem sie auf Gennaro deutet:* Herr Graf Orsini, Ihr habt da einen Freund, der sehr traurig aussieht.

Maffio: Er ist immer so, Donna. Ihr müsst mir verzeihen, dass ich ihn hierher brachte, obgleich Ihr ihm die Gnade einer Einladung nicht erwiesen hattet. Er ist mein Waffenbruder. Er hat mir das Leben bei dem Sturm von Rimini gerettet. Ich habe bei dem Angriff auf die Brücke von Vicenzia einen Degenstich erhalten, der ihm galt. Wir trennen uns nie; wir leben zusammen. Ein Zigeuner hat uns vorausgesagt, dass wir am nämlichen Tage sterben würden.

Negroni *lacht*: Hat er Euch auch gesagt, ob das am Morgen oder am Abend geschehen würde?

Maffio: Er sagte uns, es würde am Morgen geschehen.

Negroni *lacht stärker*: Euer Zigeuner wusste nicht, was er sagte. - Und liebt Ihr den jungen Menschen sehr?

Maffio: So sehr, als ein Mann den andern lieben kann.

Negroni: Nun! Ihr genügt euch einander. Ihr seid glücklich.

Maffio: Die Freundschaft füllt nicht allein das Herz aus, Donna.

Negroni: Mein Gott, was denn?

Maffio: Die Liebe.

Negroni: Ihr habt immer die Liebe auf den Lippen.

Maffio: Und Ihr die Liebe in den Augen.

Negroni: Ihr seid sehr sonderbar!

Maffio: Und Ihr sehr schön! Er fasst sie um die Hüfte.

Negroni: Herr Graf Orsini, lasst mich!

Maffio: Einen Kuss auf Eure Hand?

Negroni: Nein! Sie entwischt ihm.

Gubetta *nähert sich Maffio*: Eure Sachen stehen gut bei der Fürstin.

Maffio: Sie sagt immer Nein zu mir.

Gubetta: In dem Munde eines Weibes ist das Nein der ältere Bruder des Ja.

Jeppo *gesellt sich zu ihnen, zu Maffio*: Wie findest du die Fürstin Negroni?

Maffio: Anbetungswürdig. Unter uns, sie fängt an, mir ganz verzweifelt am Herzen zu nagen.

Jeppo: Und ihr Gastmahl?

Maffio: Eine vollständige Orgie.

Jeppo: Die Fürstin ist Witwe.

Maffio: Man sieht es an ihrer Munterkeit.

Jeppo: Ich hoffe, du hast keinen Argwohn mehr gegen ihr Gastmahl?

Maffio: Ich! Wie sollt ich! Ich war ein Narr.

Jeppo *zu Gubetta*: Herr von Belverana, Ihr würdet nicht glauben, dass Maffio sich scheute, zum Essen der Fürstin zu kommen?

Gubetta: Scheute? Warum?

Jeppo: Weil der Palast Negroni an den Palast Borgia stößt.

Gubetta: Zum Teufel mit der Borgia! - Trinken wir!

Jeppo *leise zu Maffio*: Was mir an dem Belverana gefällt, ist, dass er die Borgia nicht leiden kann.

Maffio *leise*: In der Tat, er lässt keine Gelegenheit vorbei, ohne sie mit einer ganz besondern Grazie zum Teufel zu schicken. Dennoch, mein lieber Jeppo ...

Jeppo: Nun!

Maffio: Ich beobachte seit dem Anfang des Gastmahls diesen sogenannten Spanier. Er hat bis jetzt nichts als Wasser getrunken.

Jeppo: Da kommt ja dein Verdacht wieder, mein guter Freund Maffio! Der Wein macht dich sonderbar monoton.

Maffio: Vielleicht hast du recht. Ich bin ein Narr.

Gubetta *kommt zurück und betrachtet Maffio von Kopf bis zu Füßen*: Wisst Ihr auch, Herr Maffio, dass Ihr für ein Leben von neunzig Jahren gebaut seid und dass Ihr meinem Großvater gleicht, der dies Alter erlebte und wie ich Gil Basilio Fernan Frenco Felipe Frasco Fiasquito Graf von Belverana hieß?

Jeppo *leise zu Maffio*: Ich hoffe, du zweifelst jetzt nicht mehr an seiner spanischen Rasse. Er hat wenigstens zwanzig Taufnamen. - Welche Litanei, Herr Belverana!

Gubetta: Ach unsre Eltern sind gewöhnt, uns mehr Namen bei der Taufe als Taler bei der Hochzeit zu geben. Aber was haben sie denn da unten zu lachen? *Beiseite*: Die Weiber müssen doch einen Vorwand zum Weggehen haben. Was tun? *Er geht zurück und setzt sich an die Tafel.*

Oloferno *trinkt*: Beim Herkules, meine Herren, ich habe nie einen herrlicheren Abend verlebt! Meine Damen, versucht diesen Wein. Er ist süßer, als Lacrimae Christi, und glühender, als der Wein von Cypern. Das ist Syrakusaner meine Herren!

Gubetta *isst*: Oloferno ist betrunken, wie es scheint.

Oloferno: Meine Damen, ich muss Euch einige Verse hersagen, die ich eben gemacht habe. Ich möchte ein besserer Dichter sein, als ich bin, um so bewundernswürdige Frauen zu feiern.

Gubetta: Und ich möchte reicher sein, als ich bin, um meinen Freunden solche Weiber zu geben.

Oloferno: Nichts ist süßer, als eine schöne Dame und ein gutes Essen zu besingen.

Gubetta: Als die eine zu umarmen und das andre zu essen.

Oloferno: Ja ich möchte Dichter sein. Ich möchte mich in den Himmel stürzen können. Ich wollte, ich hätte zwei Flügel ...

Gubetta: Von einem Fasan auf meinem Teller.

Oloferno: Ich will Euch aber doch mein Sonett hersagen.

Gubetta: Beim Teufel, Herr Marquis Oloferno Vitellozzo! Ich erlaube Euch, uns Euer Sonett nicht herzusagen. Wir wollen trinken!

Oloferno: Ihr erlaubt mir, mein Sonett nicht herzusagen?

Gubetta: Wie ich den Hunden erlaube, mich nicht zu beißen, dem Papst, mich nicht zu segnen, und den Vorübergehenden, mir keine Steine in die Rippen zu werfen.

Oloferno: Teufel, Ihr beleidigt mich! Ihr Männlein von einem Spanier.

Gubetta: Ich beleidige Euch nicht, großer Koloss von einem Italiener. Ich entziehe Eurem Sonett meine Aufmerksamkeit; nichts weiter. Mein Gaumen dürstet mehr nach Cypernwein, als meine Ohren nach Poesie.

Oloferno: Ich will Euch Eure Ohren an die Fersen nageln, mein schäbiger Herr Kastilier!

Gubetta: Ihr seid ein abgeschmackter Schlingel, pfui! Sah man jemals so einen Tölpel? Sich mit Syrakusaner zu berauschen und auszusehen, als hätte man sich an Bier besoffen!

Oloferno: Wisst Ihr auch, dass ich Euch in vier Stücke hauen werde, beim Teufel!

Gubetta *während er einen Fasan zerlegt*: Das sage ich von Euch, ich zerlege nicht so gemeines Geflügel. –

Meine Damen, darf ich Euch von diesem Fasan anbieten?

Oloferno *wirft sich auf ein Messer*: Bei Gott, ich will Buben die Gedärme herausreißen und wäre er ein besserer Edelmann, als der Kaiser!

Die Damen *erheben sich*: Himmel, sie werden sich schlagen!

Die Männer: Ruhig, Oloferno!

Sie entwaffnen Oloferno, der sich auf Gubetta werfen will, unterdessen entfernen sich die Damen durch die Seitentüre.

Oloferno *sich wehrend*: Beim Teufel!

Gubetta: Ihr reimt so reichlich auf Teufel, mein lieber Dichter, dass Ihr diese Damen in die Flucht gejagt habt. Ihr seid sehr empfindlich und sehr ungeschickt.

Jeppo: Das ist wahr. Wo zum Henker sind sie hingekommen?

Maffio: Sie hatten Furcht. Beim Messerziehen die Weiber fliehen.

Ascanio: Doch sie werden wiederkommen.

Oloferno *indem er Gubetta droht*: Ich werde dich morgen finden, mein kleiner Teufel Belverana.

Gubetta: Morgen, sobald es Euch beliebt!

Oloferno setzt sich wankend und verdrießlich nieder.

Gubetta *bricht in Lachen aus*: Der Schwachkopf! Die schönsten Weiber aus Ferrara mit einer Messerklinge im Stiel eines Sonetts in die Flucht zu jagen! Sich über Verse zu ärgern! Ich glaube wohl, dass er Flügel hat. Das ist kein Mensch, das ist ein Vogel. Das setzt sich auf die Stange, das muss auf einer Klaue schlafen. Das Oloferno da!

Jeppo: Macht Friede, Ihr Herren! Morgen, morgen könnt Ihr Euch in aller Höflichkeit die Kehlen abschneiden. Beim Jupiter, Ihr werdet Euch wenigstens wie Edelleute mit dem Degen und nicht mit Messern schlagen.

Ascanio: Da fällt mir bei, was haben wir mit unsern Degen gemacht?

Apostolo: Ihr vergesst, dass man sie uns im Vorzimmer ablegen ließ.

Gubetta: Und die Vorsicht war nötig, sonst hätten wir uns vor den Damen geschlagen. Ein von Tabak berauschter Flamländer würde davor errötet sein.

Gennaro: Eine gute Vorsicht, in der Tat.

Maffio: Bei Gott, mein Bruder Gennaro, das ist das erste Wort, was du seit dem Anfang des Gastmahls sprichst; auch trinkst du nicht. Träumst du von Lucretia Borgia? Gennaro, du hast offenbar so was von einer Liebschaft mit ihr! Sage nicht Nein!

Gennaro: Gib mir zu trinken, Maffio! Ich lasse meine Freunde so wenig bei Tische, als im Feuer im Stich.

Ein schwarzer Page *zwei Flaschen in der Hand*: Meine Herren, Wein von Cypern oder von Syrakus?

Maffio: Syrakusaner, der ist besser.

Der Page füllt alle Gläser.

Jeppo: Hole die Pest den Oloferno! Werden die Damen nicht zurückkommen? Er geht nacheinander an die beiden Türen. Die Türen sind von außen verschlossen, meine Herren

Maffio: Fange jetzt nicht an, deinerseits Furcht zu haben, Jeppo! Sie wollen, dass wir sie nicht verfolgen. Das ist ganz einfach.

Gennaro: Trinken wir, meine Herren!

Sie stoßen mit ihren Gläsern an.

Maffio: Auf deine Gesundheit, Gennaro! Mögest du deine Mutter bald wieder finden!

Gennaro: Möge Gott dich erhören!

Alle trinken, Gubetta ausgenommen, der seinen Wein über die Schulter schüttet.

Maffio *leise zu Jeppo*: Jetzt, Jeppo, hab' ich es deutlich gesehen.

Jeppo leise: Was?

Maffio: Der Spanier hat nicht getrunken.

Jeppo: Nun?

Maffio: Er hat seinen Wein über die Schulter geschüttet.

Jeppo: Er ist betrunken, wie du.

Maffio: Das ist möglich.

Gubetta: Ein Trinklied, meine Herrn! Ich will Euch ein Trinklied singen, was so viel wert ist, als das Sonett des Marquis Oloferno. Bei dem guten alten Schädel meines Vaters schwöre ich, dass ich das Lied nicht gemacht habe, sintemal ich kein Dichter bin und nicht Geist genug habe, um sich zwei Reime am Ende eines Gedankens schnäbeln zu lassen. Da ist mein Lied. Es ist an den heiligen Peter, den Pförtner des Paradieses, gerichtet und hat den feinen Gedanken zugrunde liegen, dass der Himmel des lieben Herrgott dem Trinker gehört.

Jeppo *leise zu Maffio*: Er ist mehr als betrunken, er ist besoffen.

Alle *Gennaro ausgenommen*: Das Lied! Das Lied!

Gubetta *singend*:
Kommt ein Trinker hinaufgestiegen,
Lass ihn nicht vor der Türe liegen,
Ist seine Stimme hell und klar,
Zu singen in der himmlischen Schar:
Domino!

Alle *Gennaro ausgenommen*: Gloria domino!

Sie stoßen mit den Gläsern an, indem sie laut lachen; plötzlich hört man Stimmen in der Ferne in schauerlichen Tönen singend.

Stimmen von außen:
Sanctum et terribile nomen eius.
Initium sapientiae timor domini.[2]

Jeppo *lacht aus vollem Halse*: Hört, meine Herren! Corpo di baco! Während wir Trinklieder singen, singt das Echo die Vesper.

Alle: Hört!

Stimmen von außen *etwas mehr in der Nähe*:
Nisi dominus custodierit civitatem,
frustra vigilat, qui custodit eam.[3]

Alle brechen in Lachen aus.

Jeppo: Ganz reiner Kirchengesang.

Maffio: Eine Prozession, die vorübergeht.

Gennaro: Um Mitternacht! Das ist etwas spät.

Jeppo: Bah! Fahrt fort, Herr von Belverana.

---

[2] Heilig und hehr ist sein Name.
Die Furcht des Herrn ist der Weisheit Anfang;

[3] Wenn der Herr die Stadt nicht behütet,
wacht der Wächter vergebens

Stimmen von außen *indem sie näher und näher kommen*:
Oculos habent, et non videbunt.
Nares habent, et non odorabunt.
Aures habent, et non audient.[4]

Alle lachen stärker.

Jeppo: Wie die Mönche plärren!

Maffio: Sieh doch, Gennaro, die Lampen erlöschen. Wir werden gleich im Finstern sitzen.

Die Lampen brennen düster, als wenn sie kein Öl mehr hätten.

Stimmen von außen *noch näher*:
Manus habent, et non palpabunt.
Pedes habent, et non ambulabunt.
Non clamabunt in gutture suo.[5]

Gennaro: Die Stimmen scheinen sich zu nähern.

Jeppo: Es ist mir, als ob die Prozession in diesem Augenblick unter unsern Fenstern wäre.

Maffio: Es sind Totengebete.

Ascanio: Das ist ein Leichenbegängnis.

Jeppo: Trinken wir auf die Gesundheit dessen, den sie begraben.

Gubetta: Wisst Ihr denn, ob es nicht mehrere sind?

Jeppo: Nun denn, auf die Gesundheit von Allen!

---

[4] Sie haben Augen und sehen nicht.
Sie haben Nasen und riechen nicht.
Sie haben Ohren und hören nicht.

[5] Sie haben Hände und fühlen nicht.
Sie haben Füße und gehen nicht.
Und reden nicht durch ihren Hals.

Apostolo *zu Gubetta*: Bravo! Fahren wir fort mit unserm Gebet zum heiligen Peter.

Gubetta: Sprecht doch höflicher. Man sagt zu dem Herrn: Sankt Peter, sehr ehrbarem Türsteher und wohlbestalltem Kerkermeister des Paradieses.

Er singt: Kommt ein Trinker heraufgestiegen,
Lass ihn nicht vor der Türe liegen,
Ist seine Stimme hell und klar,
Zu singen in der himmlischen Schar:
Domino!

Alle: Gloria domino!

Gubetta: Sperr' auf das Tor, so weit du kannst,
Dem Trinker mit dem dicken Wanst,
Dass man im Himmel schwören sollt',
Es kam ein Fass hereingerollt.

Alle stoßen unter Gelächter mit den Gläsern an: Gloria domino!

Die große Türe im Hintergrund öffnet sich ohne Geräusch in ihrer ganzen Breite. Man erblickt einen weiten, durch einige Fackeln erleuchteten Saal mit einem großen silbernen Kreuz im Hintergrund. Schwarze und weiße Büßende, von denen man nichts als die Augen durch die Löcher ihrer Kapuzen sieht, treten in einer langen Reihe, Fackeln in den Händen, durch die große Tür ein, während sie laut und in unheimlichen Ton singen: De profundis clamavi ad te, domine![6] *Dann stellen sie sich schweigend zu beiden Seiten des Saales auf und bleiben daselbst unbeweglich, wie Statuen, stehen, während die jungen Edelleute sie erstaunt betrachten.*

Maffio: Was soll das heißen?

Jeppo *mit gezwungenem Lachen*: Das ist ein Scherz; ich wette mein Pferd gegen ein Ferkel und meinen Na-

---

6 Aus der Tiefe ruf ich, Gott, zu Dir!

men Liveretto gegen den Namen Borgia, dass dies unsre allerliebsten Damen sind, die sich verkleidet haben, um uns auf die Probe zu stellen, und dass, wenn wir zufällig eine von diesen Kapuzen aufschlagen, wir darunter das frische und boshafte Gesicht eines schönen Weibes finden werden. Seht nur! *Er hebt lachend eine der Kapuzen auf und bleibt wie versteinert stehen, indem er darunter das gelbe Gesicht eines Mönches erblickt, der unbeweglich, die Fackel in der Hand, mit niedergeschlagenen Augen stehen bleibt. Er lässt die Kapuze fallen und fährt zurück.* Das fängt an, seltsam zu werden!

Maffio: Ich weiß nicht, warum mir das Blut in den Adern stockt.

Die Mönche *singen mit heller Stimme*:
Conquassabit capita in terra multorum![7]

Jeppo: Welch abscheuliche Falle! Unsre Degen! Unsre Degen! Ha, meine Herren, wir sind bei dem Teufel!

Zweite Szene

Die Nämlichen, Donna Lucretia

Lucretia *schwarz gekleidet, erscheint plötzlich auf der Schwelle der Türe:* Ihr seid bei mir!

Alle *Gennaro ausgenommen, der in einem Winkel der Bühne zusieht, sodass ihn Lucretia nicht bemerkt*: Lucretia Borgia!

Lucretia: Es sind einige Tage her, seit ihr alle, wie ihr hier seid, triumphierend diesen Namen nanntet. Heute nennt ihr ihn mit Schauder. Ja, betrachtet mich nur mit euren schrecken-starren Augen; ich bin es, meine Herrn. Ich komme, um euch was Neues zu sagen, nämlich, dass ihr alle vergiftet seid und dass keiner

---

[7] Er wird zerschmettern das Haupt über ein großes Land!

von euch eine Stunde mehr zu leben hat. Rührt euch nicht! Der anstoßende Saal ist voll Piken. Jetzt ist die Reihe an mir, jetzt ist's an mir, laut zu sprechen und euch den Kopf mit der Ferse einzutreten! Jeppo Liveretto, gehe zu deinem Onkel Vitelli, den ich in den Kellern des Vatikan erdolchen ließ! Ascanio Petrucci, besuche deinen Vetter Pandolfo, den ich ermordet habe, um ihm seine Stadt zu stehlen! Oloferno Vittelozzo, dein Onkel erwartet dich, du weißt, der Jago von Appiani, den ich bei einem Gastmahl vergiftet habe! Maffio Orsini, unterhalte dich von mir in der andern Welt mit deinem Bruder Gravina, den ich erdrosseln ließ, während er schlief! Apostolo Gazella, ich habe deinen Vater Francisco Gazella enthaupten und deinen Vetter Alphons von Aragonien ermorden lassen, wie du sagst; gehe hin zu ihnen! Bei meiner Seele! Ihr habt mir einen Ball zu Venedig gegeben, ich gebe euch ein Abendessen zu Ferrara, meine Herren!

Jeppo: Das ist ein hartes Erwachen, Maffio!

Maffio: Wenden wir uns zu Gott!

Lucretia: Ach, meine jungen Freunde vom letzten Karneval! Daran dachtet ihr nicht? Wahrhaftig, ich räche mich, wie mir deucht. Was sagt ihr dazu, meine Herren? Wer versteht sich hier auf Rache? Das ist so übel nicht, meine ich! He, was haltet ihr davon? Für ein Weib! *Zu den Mönchen:* Meine Väter, führt diese Edelleute in den anstoßenden Saal, lasst sie beichten und benutzt die wenigen Augenblicke, die sie noch übrig haben, um so viel zu retten, als noch bei jedem von ihnen gerettet werden kann. – Meine Herren, die unter euch, welche eine Seele haben, mögen sich darnach richten. Seid unbesorgt, sie sind in guten Händen. Diese würdigen Väter sind die Mönche des heiligen Sixtus, denen unser Heiliger Vater, der Papst, erlaubt hat, mich bei dergleichen Gelegenheiten zu unterstützen. – Und wie für eure Seelensorge, so sorgte ich auch für eure Leiber, seht! *Zu den Mönchen, die vor der Türe in Hintergrund stehen*: Tretet ein wenig zurück, damit diese Herren sehen. *Die Mönche weichen auseinander, sodass man fünf mit schwarzen Tüchern bedeckte Särge vor der Tür erblickt.* Grade die Zahl. Es sind doch wohl fünf? - Ach, ihr jungen Leute! Ihr zerfleischt die Eingeweide eines unglücklichen Weibes, und ihr glaubt, dass sie sich nicht rächen würde. Hier ist der deinige, Jeppo; hier der deinige, Maffio; Oloferno, Apostolo, Ascanio, hier sind die eurigen!

Gennaro *den sie bisher nicht sah, tut einen Schritt vorwärts*: Ihr habt noch einen sechsten nötig, Donna!

Lucretia: Himmel, Gennaro!

Gennaro: Er selbst.

Lucretia: Geht alle sogleich hinaus. - Lasst uns allein. - Gubetta, lasst niemand herein, was auch geschehen, was man auch von dem, was hier vorgeht, hören mag.

Gubetta: Gut.

Die Mönche ziehen in Prozession hinaus, während sie in ihrer Reihe die fünf wankenden und bestürmten Herren fortführen.

Dritte Szene

Gennaro, Donna Lucretia

Einige erlöschende Lampen brennen im Zimmer. Die Türen sind geschlossen. Donna Lucretia und Gennaro, die allein zurückgeblieben sind, betrachten sich schweigend einige Augenblicke, als wüssten sie nicht, womit anfangen.

Lucretia *spricht zu sich selbst*: Es ist Gennaro!

Gesang der Mönche *von außen*:
Nisi dominus aedificaverit domum,
in vanum laborant, qui aedificant eam.[8]

Lucretia: Immer Ihr, Gennaro, immer Ihr unter all meinen Streichen! Gott im Himmel! Wie seid Ihr dahinein gekommen?

Gennaro: Ich ahnte alles.

Lucretia: Ihr seid abermals vergiftet, Ihr müsst sterben.

Gennaro: Wenn ich will; ich habe das Gegengift.

Lucretia: Ach ja! Gott sei gelobt!

Gennaro: Ein Wort, Donna. Ihr seid erfahren in dergleichen. Ist Elixier genug in diesem Fläschchen, um all die Edelleute zu retten, die Eure Mönche in die Särge schleppen?

Lucretia *untersucht das Fläschchen*: Kaum genug für Euch, Gennaro.

Gennaro: Ihr könnt kein anderes auf der Stelle haben?

Lucretia: Ich gab Euch alles, was ich hatte.

Gennaro: Gut.

Lucretia: Was macht Ihr, Gennaro? Eilt Euch doch! Spielt nicht mit so entsetzlichen Dingen, man kann ein Gegengift nicht schnell genug nehmen. Trinkt, im Namen des Himmels! Mein Gott, welche Unklugheit begeht Ihr da! Bringt Euer Leben in Sicherheit, ich werde Euch zum Palast durch eine verborgene Türe, die ich kenne, hinauslassen. Alles kann noch gut werden. Es ist Nacht. Die Pferde sind gleich gesattelt. Morgen, morgen seid Ihr weit von Ferrara. Nicht wahr, es ge-

---

[8] Wenn der Herr nicht das Haus baut,
so arbeiten umsonst, die daran bauen.

schehen da schaudervolle Dinge? Trinkt, und dann fort! Ihr müsst leben! Ihr müsst Euch retten!

Gennaro *nimmt ein Messer vom Tisch*: Das heißt: Ihr werdet sterben, Donna!

Lucretia: Wie! Was sagt Ihr?

Gennaro: Ich sage Euch, dass Ihr verräterischerweise fünf Edelleute vergiftet habt, fünf meiner Freunde, meiner besten Freunde, und unter ihnen Maffio Orsini, meinen Waffenbruder, der mir das Leben zu Vicenzia gerettet hat und mit dem ich jede Beleidigung und jede Rache teile. Ich sage Euch, dass Ihr eine niederträchtige Handlung begangen habt, dass ich Maffio und die andern rächen muss, und dass Ihr sterben werdet.

Lucretia: Himmel und Erde!

Gennaro: Sprecht Euer Gebet, Donna, und macht es kurz. Ich bin vergiftet, ich habe nicht Zeit zum Warten.

Lucretia: Bah, das ist unmöglich! Gennaro, mich töten! Wäre das möglich?

Gennaro: Das ist die reine Wahrheit, Donna, und ich schwöre Euch bei Gott, dass ich an Eurer Stelle mich schweigend zum Gebet wenden würde, mit gefalteten Händen und auf beiden Knien. - Seht, da ist ein Sessel, der ist gut dafür.

Lucretia: Nein! Ich sage Euch, dass das unmöglich ist. Nein, unter den schrecklichsten Gedanken, die mir durch die Seele gehen, wäre mir dieser niemals gekommen. - Ach! Ach! Ihr hebt das Messer. Wartet, Gennaro, ich habe Euch etwas zu sagen.

Gennaro: Schnell!

Lucretia: Wirf dein Messer weg, Unglücklicher! Wirf es weg, sage ich dir! Wenn du wüsstest ... Gennaro! Weißt du, wer du bist! Du weißt nicht, wie nahe ich dir stehe. Muss ich dir alles sagen? Das nämliche Blut fließt in unsern. Adern, Gennaro! Johann Borgia, Herzog von Gandia, ist dein Vater.

Gennaro: Euer Bruder? Ha, Ihr seid meine Tante! Ach, Donna!

Lucretia *beiseite*: Seine Tante!

Gennaro: Ha, ich bin Euer Neffe! Ach, meine Mutter ist also diese unglückliche Herzogin von Gandia, die alle Borgia so unglücklich gemacht haben! Donna Lucretia, meine Mutter spricht mir von Euch in ihren Briefen; Ihr gehört unter die Zahl ihrer unnatürlichen Verwandten, von denen sie mir mit Schauder spricht, die meinen Vater getötet, die ihr Leben in Tränen und Blut ertränkt haben. Ha, ich habe jetzt auch noch meinen Vater zu rächen und meine Mutter vor Euch zu retten! Ha! Ihr seid meine Tante! Ich bin ein Borgia! Oh, das macht mich toll! - Hört mich, Donna Lucretia Borgia. Ihr habt lang genug gelebt, und tragt eine solche Last von Schandtaten, dass Ihr Euch selbst verhasst und zum Abscheu sein müsst. Ihr habt das Leben satt, ohne Zweifel, nicht wahr? Nun gut, es muss damit ein Ende werden. In Geschlechtern, wie das unsrige, wo Verbrechen erblich ist und sich vom Vater auf den Sohn mit dem Namen fortpflanzt, geschieht es immer, dass dies Geschick sich mit einem Morde schließt, der gewöhnlich ein Verwandtenmord ist, als das letzte Verbrechen, das alle übrigen sühnt. Ein Edelmann ist nie getadelt worden, wenn er einen schlechten Ast von dem Stamme seines Hauses abschnitt. Der Spanier Mudarra hat seinen Onkel Rodrigo von Lara um weniger getötet, als Ihr begangen habt. Alle lobten diesen Spanier um den Mord seines Onkels. Versteht Ihr, Donna? Fort, Ich habe genug gesagt! Befehlt Gott Eure Seele, wenn Ihr an Gott und Eure Seele glaubt.

Lucretia: Gennaro! Aus Erbarmen für dich! Du bist noch unschuldig, begehe nicht dies Verbrechen!

Gennaro: Ein Verbrechen! Oh, mein Hirn verwirrt sich! Wäre das ein Verbrechen? Und wenn ich ein Verbrechen beginge? Bei Gott, ich bin ein Borgia! Auf die Knie, sage ich, meine Tante, auf die Knie!

Lucretia: Sagst du wirklich, was du denkst, mein Gennaro? Vergiltst du mir so meine Liebe?

Gennaro: Liebe! ...

Lucretia: Das ist unmöglich. Ich will dich vor dir selbst retten. Ich werde rufen, ich werde schreien.

Gennaro: Ihr werdet diese Türe nicht öffnen. Keinen Schritt! Euer Schreien kann Euch nicht retten. Habt Ihr nicht selbst befohlen, dass niemand herein solle, man möge außen von dem, was hier vorginge, hören, was man

Lucretia: Aber es ist feig, was du tust, Gennaro. Ein Weib töten, ein wehrloses Weib! Oh, du trägst einen edleren Sinn in deiner Seele! Höre mich, töte mich dann, wenn du willst; ich hänge nicht am Leben, aber die Brust zerspringt mir, sie ist voll Qualen über die Art, womit du mich bisher behandelt hast. Du bist jung, bist ein Kind, und die Jugend ist immer zu streng. Oh, wenn ich sterben soll, so will ich doch nicht von deiner Hand sterben. Es ist unmöglich, siehst du, dass ich durch deine Hand sterbe. Du weißt nicht, wie entsetzlich das wäre. Übrigens, Gennaro, meine Stunde ist noch nicht gekommen. Es ist wahr, ich habe viele Verbrechen auf mich geladen, ich bin eine große Sünderin, und weil ich eine große Sünderin bin, muss man mir Zeit lassen, mich zu bereiten und zu bereuen. Das ist schlechterdings notwendig, verstehst du, Gennaro?

Gennaro: Ihr seid meine Tante, Ihr seid die Schwester meines Vaters. Was habt Ihr mit meiner Mutter gemacht, Donna Lucretia Borgia?

Lucretia: Warte! Warte! Mein Gott, ich kann nicht alles sagen. Und dann, wenn ich alles sagte, das würde deinen Abscheu und deine Verachtung nur verdoppeln. Höre mich noch einen Augenblick. Oh, ich wollte, du sähest mich büßend zu deinen Füßen! Du würdest mir das Leben schenken, nicht wahr? Willst du, dass ich den Schleier nehme? Willst du, dass ich mich in ein Kloster einschließe? Sieh, wenn man dir sagte: Dies elende Weib hat sich das Haupt geschoren, sie schläft in der Asche, sie gräbt ihre Grube mit eigenen Händen, sie betet zu Gott Nacht und Tag, nicht für sich, die es wohl nötig hätte, sondern für dich, der du es nicht nötig hast; sie tut all das, dies Weib, damit du eines Tages auf ihr Haupt einen mitleidigen Blick senkst, damit du eine Träne auf die off'nen Wunden ihrer Seele fallen lässt, damit du ihr nicht mehr mit einer Stimme so streng, als wäre sie die des letzten Gerichtes, sagst: Du bist Lucretia Borgia! Wenn man dir das sagte, Gennaro, würdest du es wagen, sie zurückzustoßen? Oh, Gnade! Töte mich nicht, mein Gennaro! Leben wir beide, du, um mir zu vergeben, ich, um zu bereuen! Habe etwas Mitleid mit mir! Endlich, was hilft es, ein armes, elendes Weib, das nichts als ein wenig Erbarmen will, ohne Erbarmen zu behandeln? – Ein wenig Erbarmen! Gnade! – Und dann, siehst du, mein Gennaro, ich sage dir das für dich, es wäre wahrhaftig feige, was du da tun würdest, es wäre ein abscheuliches Verbrechen, es wäre ein Mord! Ein Mann, der ein Weib tötet! Ein Mann, welcher der Stärkere ist! Oh, du willst das nicht! Du willst das nicht!

Gennaro *erschüttert*: Donna ...

Lucretia: Oh, ich sehe wohl, ich habe Gnade gefunden! Ich lese es in deinen Augen. Oh, lass mich zu dienen Füßen weinen!

Eine Stimme *von außen*: Gennaro!

Gennaro: Wer ruft mir?

Die Stimme: Mein Bruder Gennaro!

Gennaro: Das ist Maffio!

Die Stimme: Gennaro! Ich sterbe! Räche mich!

Gennaro *hebt das Messer*: Genug. Ich höre nichts mehr. Versteht Ihr, Donna? Ihr müsst sterben!

Lucretia *sträubt sich und hält ihm den Arm*: Gnade! Gnade! Noch ein Wort!

Gennaro: Nein!

Lucretia: Erbarmen! Höre mich!

Gennaro: Nein!

Lucretia: Im Namen des Himmels!

Gennaro: Nein! *Er ersticht sie.*

Lucretia: Ach! ... du tötest mich! – Gennaro, ich bin deine Mutter!

Zeitfracht Medien GmbH
Ferdinand-Jühlke-Straße 7
99095 Erfurt, Deutschland
produktsicherheit@kolibri360.de